Kohlhammer

Sucht: Risiken – Formen – Interventionen
Interdisziplinäre Ansätze von der Prävention zur Therapie

Herausgegeben von Oliver Bilke-Hentsch,
Euphrosyne Gouzoulis-Mayfrank und Michael Klein

Eine Übersicht aller lieferbaren und im Buchhandel angekündigten Bände der Reihe finden Sie unter:

  https://shop.kohlhammer.de/sucht-reihe

Die Herausgeber

PD Dr. med. Andreas Hill, Facharzt für Psychiatrie und Psychotherapie, Forensische Psychiatrie, Sexualmedizin, eigene Praxis in Hamburg und Leitender Arzt der Klinik für Forensische Psychiatrie an der Psychiatrischen Universitätsklinik Zürich.

Prof. Dr. med. Elmar Habermeyer, Facharzt für Psychiatrie und Psychotherapeut, FMH Schwerpunkt Forensische Psychiatrie und Psychotherapie, Direktor der Klinik für Forensische Psychiatrie an der Psychiatrischen Universitätsklinik Zürich.

Prof. Dr. med. Peer Briken, Facharzt für Psychiatrie und Psychotherapie, Forensische Psychiatrie, Sexualmedizin, Direktor des Instituts für Sexualforschung, Sexualmedizin und Forensische Psychiatrie am Universitätsklinikum Hamburg-Eppendorf.

Unter Mitarbeit von Johannes Fuß, Friederike X. E. Höfer, Laura I. Kürbitz, Lateefah Roth, Fanny de Tribolet-Hardy und Daniel Turner.

Andreas Hill
Elmar Habermeyer
Peer Briken
(Hrsg.)

Süchtiges und zwanghaftes Sexualverhalten

Verlag W. Kohlhammer

Dieses Werk einschließlich aller seiner Teile ist urheberrechtlich geschützt. Jede Verwendung außerhalb der engen Grenzen des Urheberrechts ist ohne Zustimmung des Verlags unzulässig und strafbar. Das gilt insbesondere für Vervielfältigungen, Übersetzungen und für die Einspeicherung und Verarbeitung in elektronischen Systemen.

Pharmakologische Daten verändern sich ständig. Verlag und Autoren tragen dafür Sorge, dass alle gemachten Angaben dem derzeitigen Wissensstand entsprechen. Eine Haftung hierfür kann jedoch nicht übernommen werden. Es empfiehlt sich, die Angaben anhand des Beipackzettels und der entsprechenden Fachinformationen zu überprüfen. Aufgrund der Auswahl häufig angewendeter Arzneimittel besteht kein Anspruch auf Vollständigkeit.

Die Wiedergabe von Warenbezeichnungen, Handelsnamen und sonstigen Kennzeichen berechtigt nicht zu der Annahme, dass diese frei benutzt werden dürfen. Vielmehr kann es sich auch dann um eingetragene Warenzeichen oder sonstige geschützte Kennzeichen handeln, wenn sie nicht eigens als solche gekennzeichnet sind.

Es konnten nicht alle Rechtsinhaber von Abbildungen ermittelt werden. Sollte dem Verlag gegenüber der Nachweis der Rechtsinhaberschaft geführt werden, wird das branchenübliche Honorar nachträglich gezahlt.

Dieses Werk enthält Hinweise/Links zu externen Websites Dritter, auf deren Inhalt der Verlag keinen Einfluss hat und die der Haftung der jeweiligen Seitenanbieter oder -betreiber unterliegen. Zum Zeitpunkt der Verlinkung wurden die externen Websites auf mögliche Rechtsverstöße überprüft und dabei keine Rechtsverletzung festgestellt. Ohne konkrete Hinweise auf eine solche Rechtsverletzung ist eine permanente inhaltliche Kontrolle der verlinkten Seiten nicht zumutbar. Sollten jedoch Rechtsverletzungen bekannt werden, werden die betroffenen externen Links soweit möglich unverzüglich entfernt.

1. Auflage 2023

Alle Rechte vorbehalten
© W. Kohlhammer GmbH, Stuttgart
Gesamtherstellung: W. Kohlhammer GmbH, Heßbrühlstr. 69, 70565 Stuttgart
produktsicherheit@kohlhammer.de

Print:
ISBN 978-3-17-033740-4

E-Book-Formate:
pdf: ISBN 978-3-17-033741-1
epub: ISBN 978-3-17-033742-8

Geleitwort der Reihenherausgeber

Die Entwicklungen der letzten Jahrzehnte im Suchtbereich sind beachtlich und erfreulich. Dies gilt für Prävention, Diagnostik und Therapie, aber auch für die Suchtforschung in den Bereichen Biologie, Medizin, Psychologie und den Sozialwissenschaften. Dabei wird vielfältig und interdisziplinär an den Themen der Abhängigkeit, des schädlichen Gebrauchs und der gesellschaftlichen, persönlichen und biologischen Risikofaktoren gearbeitet. In den unterschiedlichen Alters- und Entwicklungsphasen sowie in den unterschiedlichen familiären, beruflichen und sozialen Kontexten zeigen sich teils überlappende, teils sehr unterschiedliche Herausforderungen.

Um diesen vielen neuen Entwicklungen im Suchtbereich gerecht zu werden, wurde die Reihe »Sucht: Risiken – Formen – Interventionen« konzipiert. In jedem einzelnen Band wird von ausgewiesenen Expertinnen und Experten ein Schwerpunktthema bearbeitet.

Die Reihe gliedert sich konzeptionell in drei Hauptbereiche, sog. »tracks«:

Track 1: Grundlagen und Interventionsansätze
Track 2: Substanzabhängige Störungen und Verhaltenssüchte im Einzelnen
Track 3: Gefährdete Personengruppen und Komorbiditäten

In jedem Band wird auf die interdisziplinären und praxisrelevanten Aspekte fokussiert, es werden aber auch die neuesten wissenschaftlichen Grundlagen des Themas umfassend und verständlich dargestellt. Die Leserinnen und Leser haben so die Möglichkeit, sich entweder Stück für Stück ihre »persönliche Suchtbibliothek« zusammenzustellen oder aber mit einzelnen Bänden Wissen und Können in einem bestimmten Bereich zu erweitern.

Geleitwort der Reihenherausgeber

Unsere Reihe »Sucht« ist geeignet und besonders gedacht für Fachleute und Praktiker aus den unterschiedlichen Arbeitsfeldern der Suchtberatung, der ambulanten und stationären Therapie, der Rehabilitation und nicht zuletzt der Prävention. Sie ist aber auch gleichermaßen geeignet für Studierende der Psychologie, der Pädagogik, der Medizin, der Pflege und anderer Fachbereiche, die sich intensiver mit Suchtgefährdeten und Suchtkranken beschäftigen wollen.

Die Herausgeber möchten mit diesem interdisziplinären Konzept der Sucht-Reihe einen Beitrag in der Aus- und Weiterbildung in diesem anspruchsvollen Feld leisten. Wir bedanken uns beim Verlag für die Umsetzung dieses innovativen Konzepts und bei allen Autoren für die sehr anspruchsvollen, aber dennoch gut lesbaren und praxisrelevanten Werke.

Die drei Herausgeber und die Mitverfasser des vorliegenden Bands breiten das komplexe und kontroverse Themengebiet des süchtigen Sexualverhaltens von den Grundlagen und der ausführlich dargestellten Neurobiologie über die klinische Phänomenologie bis zur Differenzialdiagnostik aus. Die Berücksichtigung der Komorbidität nimmt ebenfalls einen breiten Raum ein, um umfassend individuelle Therapieplanung inklusive der Pharmakotherapie vorzubereiten. Der Band schließt eine wichtige Lücke im Bereich der stoffungebundenen bzw. Verhaltenssüchte. Es ist den Autoren hoch anzurechnen, dass sie stets auf weiter zu erforschende Grundlagen und neu zu entwickelnde Interventionen hinweisen, sodass deutlich wird, in welcher Dynamik sich dieses auch gesellschaftlich wichtige Themenfeld befindet.

Oliver Bilke-Hentsch, Luzern
Euphrosyne Gouzoulis-Mayfrank, Köln
Michael Klein, Köln

Widmung und Danksagung

Dieses Buch ist Wolfgang Berner und Henning Saß gewidmet, den Mentoren der drei Herausgeber. In Freundschaft und Dankbarkeit.

Die Herausgeber des Buches danken allen Mitautor:innen – Johannes Fuß, Friederike X. E. Höfer, Laura I. Kürbitz, Lateefah Roth, Fanny de Tribolet-Hardy und Daniel Turner – für ihr Engagement und ihre produktiven Diskussionen, Ladina Cavelti aus der Klinik für Forensische Psychiatrie der Psychiatrischen Universitätsklinik Zürich für die gewissenhafte formale Bearbeitung des Manuskripts, den Herausgeber:innen der Buchreihe Euphrosyne Gouzoulis-Mayfrank, Oliver Bilke-Hentsch und Michael Klein für die Anregung und Einladung zur Verfassung dieses Bandes sowie dem Kohlhammer-Verlag, vor allem Anita Brutler, für die geduldige Begleitung und Unterstützung bei diesem Projekt.

Ein besonderer Dank gilt allen Patient:innen für ihr Vertrauen, ihre Offenheit, ihre Anstöße und auch ihre Kritik an uns als Kliniker und Forscher.

Andreas Hill, Elmar Habermeyer und Peer Briken

Autor:innenverzeichnis

Briken, Peer, Univ.-Prof. Dr. med.
Zentrumsleitung Zentrum für Psychosoziale Medizin, Institutsdirektor Institut für Sexualforschung, Sexualmedizin und Forensische Psychiatrie, Universitätsklinikum Hamburg-Eppendorf
Martinistraße 52, D-20246 Hamburg
briken@uke.de

de Tribolet-Hardy, Fanny, M. Sc.
Leitung Präventionsstelle Pädosexualität, Klinik für Forensische Psychiatrie, Psychiatrische Universitätsklinik Zürich
Lenggstraße 31, CH-8032 Zürich
fanny.detribolet@pukzh.ch

Fuß, Johannes, Prof. Dr. med.
Direktor Institut für Forensische Psychiatrie und Sexualforschung, LVR-Klinikum Essen, Universität Duisburg-Essen
Postfach 103043, D-45030 Essen
johannes.fuss@uni-due.de

Habermeyer, Elmar, Prof. Dr. med.
Direktor Klinik für Forensische Psychiatrie, Psychiatrische Universitätsklinik Zürich
Lenggstraße 31, CH-8032 Zürich
elmar.habermeyer@pukzh.ch

Hill, Andreas, Priv.-Doz. Dr. med.
Praxis für Psychiatrie und Psychotherapie, Sexualmedizin
Rothenbaumchaussee 7, D-20148 Hamburg
und
Leitender Arzt an der Klinik für Forensische Psychiatrie
Psychiatrischen Universitätsklinik Zürich
Lenggstraße 31, CH-8032 Zürich
andreas.hill@pukzh.ch; andreas.g.hill@t-online.de

Höfer, Friederike X. E., Dr. med.
Stv. Chefärztin, Zentrum für Ambulante Forensische Therapie, Klinik für Forensische Psychiatrie, Psychiatrische Universitätsklinik Zürich
Lenggstraße 31, CH-8032 Zürich
friederike.hoefer@pukzh.ch

Kürbitz, Laura I., M.Sc. Psych.
Psychologische Psychotherapeutin, Doktorandin am Institut für Sexualforschung, Sexualmedizin und Forensische Psychiatrie, Universitätsklinikum Hamburg-Eppendorf
Martinistraße 52, D-20246 Hamburg
lakuerbitz@googlemail.com

Roth, Lateefah, M. Sc.
Institut für Forensische Psychiatrie und Sexualforschung, LVR-Klinikum Essen, Universität Duisburg-Essen
Postfach 103043, D-45030 Essen
lateefah.roth@uni-due.de

Turner, Daniel, Dr. rer. biol. hum. Dr. med.
Assistenzarzt und Wissenschaftlicher Mitarbeiter, Klinik für Psychiatrie und Psychotherapie, Universitätsmedizin Mainz
Untere Zahlbacher Straße 8, D-55131 Mainz
daniel.turner@unimedizin-mainz.de

Inhalt

Geleitwort der Reihenherausgeber   5

Widmung und Danksagung   7

Autor:innenverzeichnis   8

1	**Historische Entwicklung und Definitionen von sexuell süchtigem bzw. zwanghaftem Verhalten**	15
	Andreas Hill, Peer Briken, Elmar Habermeyer und Daniel Turner	
1.1	Sexualität in Zeiten digitaler Medien	15
1.2	Historische Entwicklung der Konzepte von Hypersexualität, sexuell süchtigem und sexuell zwanghaftem Verhalten	18
1.3	Diagnostic and Statistical Manual of Mental Disorders (DSM)	21
1.4	International Classification of Diseases (ICD)	23
1.5	Abgrenzung und Überschneidungen mit paraphilen Störungen	29
2	**Epidemiologie**	32
	Friederike X. E. Höfer, Laura I. Kürbitz und Andreas Hill	
3	**Verhaltensspezifika**	36
	Fanny de Tribolet-Hardy, Laura I. Kürbitz und Andreas Hill	
3.1	Masturbation	38
3.2	Cybersex und Konsum von Internetpornografie	38
3.3	Promiskes Sexualverhalten	40
3.4	Telefonsex und Strip-Clubs	41
3.5	Riskantes Sexualverhalten	42

3.6	Verhaltensspezifika und Besonderheiten bei Frauen	44
4	**Neurobiologische Grundlagen**	**50**
	Lateefah Roth und Johannes Fuß	
4.1	Sexualität und Neurobiologie	50
4.2	Funktionelle Hirnaktivität und CSBD	51
4.3	Verhaltens- und Persönlichkeitsmerkmale und CSBD	53
4.4	Hirnstruktur und CSBD	55
4.5	Neuroendokrinologie	57
5	**Verhaltenswirkungen**	**60**
	Fanny de Tribolet-Hardy und Andreas Hill	
5.1	Verhaltenswirkungen	60
5.2	Psychische Folgen	61
5.3	Soziale Folgen	63
5.4	Körperliche Folgen	64
6	**Psychosoziale Aspekte**	**69**
	Fanny de Tribolet-Hardy, Andreas Hill und Elmar Habermeyer	
6.1	Die Gefahr der Pathologisierung von normophiler Sexualität	69
6.2	CSBD und Hypersexualität in der forensischen Psychiatrie	71
6.3	CSBD und forensisch-psychiatrische Begutachtung	73
6.4	Risiko- und Prognosebeurteilung bei CSBD	78
7	**Ätiologie – ein integrativer, interdisziplinärer Ansatz**	**81**
	Friederike X. E. Höfer, Fanny de Tribolet-Hardy und Andreas Hill	
7.1	Stoffgebundene und ungebundene Süchte: CSBD als Verhaltenssucht	82
7.2	Alternative Erklärungsmodelle und Einflüsse	86

7.3	Neurobiologische Korrelate der CSBD	87
7.4	Ein analoges Sucht-Erklärungsmodell	88
7.5	»Sexual Tipping Point Model« und »Dual Control Model«	89

8 Diagnostik 93
Daniel Turner

8.1	Anamneseerhebung, körperliche Untersuchung und apparative Diagnostik	93
8.2	Differenzialdiagnostik	96
8.3	Differenzialdiagnostische Abgrenzung der paraphilen Störungen	96
8.4	Psychometrische Diagnostik	100
8.5	Diagnostischer Algorithmus	101

9 Komorbidität 103
Friederike X. E. Höfer

9.1	Sexuelle Störungen	104
9.2	Affektive und Angststörungen, Verhaltenssüchte/Impulskontrollstörungen und ADHS	105
9.3	Psychotrope Substanzen und substanzbezogene Störungen	106
9.4	Somatische Erkrankungen	107
9.5	Primäre Störung oder Symptom?	107

10	**Therapie**	**109**
	Andreas Hill, Peer Briken und Daniel Turner	
10.1	Psychotherapie und andere psychosoziale Behandlungsmaßnahmen	110
	Andreas Hill und Peer Briken	
10.2	Medikamentöse Therapie	142
	Peer Briken und Daniel Turner	
11	**Synopse und Ausblick**	**158**
	Andreas Hill, Elmar Habermeyer und Peer Briken	
Literatur		**162**
Stichwortverzeichnis		**185**

1 Historische Entwicklung und Definitionen von sexuell süchtigem bzw. zwanghaftem Verhalten

Andreas Hill, Peer Briken, Elmar Habermeyer und Daniel Turner

Gesteigertes, süchtiges oder zwanghaftes sexuelles Verhalten wurde als psychisches Problem und eigenständige Diagnose zwar schon im 19. Jahrhundert beschrieben, durch die leichte Verfügbarkeit sexuell stimulierenden Materials und grenzenlose Kommunikation über Sexualität in den digitalen Medien hat dieses Phänomen jedoch in den letzten zwei bis drei Jahrzehnten sowohl in der allgemeinen Öffentlichkeit als auch in Fachkreisen – u. a. aus Psychiatrie, Psychologie und Pädagogik – größere Beachtung gefunden.

1.1 Sexualität in Zeiten digitaler Medien

Schon zur Jahrtausendwende wurde postuliert, dass mit dem Internet eine »neue sexuelle Revolution« angebrochen sei, vergleichbar mit dem Einfluss der Antibaby-Pille (Cooper und Griffin-Shelley 2002), und dass auch für die Sexualität ein virtuelles Zeitalter anbreche (Stone 1995). Sexualität findet in den digitalen Medien mannigfaltige Ausdrucksformen – Fotos, Filme, Texte, Chats, direkte akustische und visuelle (Webcam) Kommunikation. Dabei versteht man unter »Cybersex« im engeren Sinne (auch »Online-Sex«, »virtueller Sex« genannt) computervermittelte zwischenmenschliche Interaktionen, bei denen die beteiligten Personen offen sexuell motiviert sind, also sexuelle Erregung und Befriedigung suchen, während sie einander digitale Botschaften übermitteln (Cooper und Griffin-Shelley 2002; Döring 2004). Cybersex ist also keine Mensch-Maschine-Interaktion und als soziales Geschehen auch kein Solosex. Beim videobasierten Cybersex treten die Teilnehmer per Online-Videokontakt oder -konferenz vielmehr miteinander in Verbindung, bei Bedarf ergänzt durch Audio- und Textdialog. Cybersex kann sowohl eine sexuelle Dienstleistung sein (vorwiegend videobasiert, vergleichbar mit Peep- und Sexshows) als auch privaten, nicht kommerziellen Zwecken dienen, die sich in flüchtigen Begegnungen erschöpfen, aber auch in dauerhaftere, verbindlichere soziale Beziehungen münden können (Dekker 2004a; Döring 2004); er kann auf Kontakte per Internet beschränkt bleiben, aber auch »reale« Kontakte (»in real life«, IRL) anbahnen. Das Internet ist über seine Bedeutung für rein sexuelle Kontakte hinaus mittlerweile zu einem wichtigen Medium bei der Partnerschaftssuche avanciert. Die Unterscheidung von »real« und »virtuell« erweist sich dabei auf den zweiten Blick durchaus als schwierig. Die mittels digitaler Medien entwickelten Fantasie-Welten und sexuellen Aktivitäten haben durchaus eine eigene, nicht nur gedankliche Realität (Bauman 2003; Dekker 2004b).

Pornografie und sexuelle Kommunikation mittels digitaler Medien zeichnen sich durch einige spezifische Merkmale aus (Übersicht bei Hill 2011). Das Internet ist nicht nur in diesem Zusammenhang wegen der Spezifika der leichten Zugänglichkeit (Accessibility), niedrigen Kosten (Affordability) und Anonymität (Anonymity) als »Triple A-Engine« bezeichnet worden (Cooper und Griffin-Shelley 2002). Es ist bequem vom heimischen Computer, Tablet oder Smartphone aus, drahtlos und jederzeit, d.h. an 365 Tagen im Jahr rund um die Uhr zugänglich. Die Kosten sind im Vergleich zu anderen Zugängen zu Pornografie extrem niedrig, viele Angebote sind – bei vorhandenem Internetzugang – kostenfrei zugänglich. Das Angebot von pornografischem Material und Aktivitäten im Internet ist mannigfaltig. Der Markt ist nahezu grenzenlos und verändert sich kontinuierlich und rasch. In einer Stunde sind schon wieder andere, neue Bilder, Filme, Texte und Nutzer im Netz.

Zudem findet ein Demokratisierungsprozess statt: jede Person kann mit relativ einfachen technischen Mitteln (einem Computer mit Mikrofon und Webcam) Texte, Bilder und Videos ins Netz stellen und somit weltweit verbreiten. Die Grenzen zwischen Konsument:innen, Produzent:innen und Anbieter:innen verwischen sich. Die interaktive Kommunikation kann das wechselseitige Ausgestalten von Fantasien und das virtuelle Experimentieren mit sexuellen Praktiken und Szenarien stimulieren. Die Anonymität des Internets ermöglicht es, sich verschiedene Identitäten – z. B. bzgl. Alter, Geschlecht und Aussehen – anzueignen. Diese besonderen Merkmale und Möglichkeiten des Internets können zur Entwicklung eines suchtartigen sexuellen Verhaltens beitragen, allerdings auch den Zugang zu problematischen, strafrechtlich relevanten Inhalten und Aktivitäten erleichtern, wie Konsum und Verbreitung von Missbrauchsabbildungen (sog. Kinderpornografie) oder Anbahnung (Cybergrooming) und Durchführung sexuell übergriffigen Verhaltens mittels Internet (Übersicht bei de Tribolet-Hardy et al. 2020; Hill 2021).

Auf das durch die Spezifika digitaler Medien bedingte, spezifische Risiko für die Entwicklung einer Verhaltenssucht weist auch die Einführung von diagnostischen Kategorien für vorwiegend online ausgeführte Aktivitäten im Rahmen der Glücksspiel- (englisch: Gambling Disorder) und der (Digital- und Video-) Spielsucht (englisch: Gaming Disorder) in der neuesten Fassung der Internationalen Krankheitsklassifikation der Weltgesundheitsorganisation (WHO) hin (ICD-11, World Health Organization 2022).

Auf der anderen Seite bergen die digitalen Medien durchaus Chancen für die sexuelle Entwicklung (für eine Übersicht siehe Hill 2011): sie ermöglichen die leichte Vernetzung und das »Coming-Out« von sexuellen Minderheiten (wie Schwule, Lesben, Bisexuelle, Transgender- und Intersex-Personen) und anderen Personen mit besonderen sexuellen Interessen (z. B. sadomasochistischen oder fetischistischen), besonders in Ländern und Kulturen, in denen diese rechtlichen und kulturellen Diskriminierungen ausgesetzt sind. Außerdem bieten sie eine große Auswahl an potenziellen Partnern und eine genauere Abstimmung (matching) von sexuellen und anderen Interessen und Persönlichkeitsmerkmalen im Vorfeld eines Kennenlernens »in real life«. Digitale Medien können zum Abbau von Vorurteilen und Stereotypen beitragen und das Spektrum sexueller Fantasien und Praktiken erweitern. Zudem ermöglichen sie, damit in einem relativ sicheren Raum, z.B. ohne Risiko einer ungewollten Schwangerschaft oder sexuell übertragbaren Krankheit, zu experimentieren, und bieten leichten Zugang zu Informationen über sexuelle Themen sowie Beratungen und Behandlungen von sexuellen Problemen.

Auf diese positiven Aspekte für die sexuelle Entwicklung hinzuweisen, ist den Autor:innen dieses Buches – über klinisch relevante, problematische sexuelle Verhaltensweisen – ein Anliegen, da nicht moralisierenden oder pathologisierenden Bewertungen moderner Medien Vorschub geleistet werden soll.

1.2 Historische Entwicklung der Konzepte von Hypersexualität, sexuell süchtigem und sexuell zwanghaftem Verhalten

Im 19. Jahrhundert wurden Auffälligkeiten des sexuellen Begehrens und Verhaltens zunehmend Gegenstand des medizinischen – insbes. des psychiatrischen – Diskurses (Foucault 1979). 1876 veröffentlichte der in Straßburg, Graz und Wien tätige Psychiater Richard von Krafft-Ebing (1840–1902) mit der Erstausgabe seiner »Psychopathia sexualis« ein umfangreiches Lehrbuch über psychopathologische Symptome und Störungen der Sexualität (von Krafft-Ebing 1902, 14. Auflage). Dieses Lehrbuch diente u.a. der Beurteilung von Personen, die wegen auffälligem sexuellem Verhalten strafrechtlich verfolgt wurden. Schon hier zeichnet sich die enge Verknüpfung von moralischer Bewertung, staatlicher Sanktionierung und Medikalisierung der Sexualität ab. Krafft-Ebing konzipierte eine »sexuelle Hyperästhesie«, die er synonym auch als »krankhaft gesteigerten Geschlechtstrieb« bezeichnete, als Pendant zur »Anaesthesia sexualis« bzw. dem »fehlenden Geschlechtstrieb«. Unter dem Begriff der »Hyperaesthesia sexualis« beschrieb Krafft-Ebing einen Geschlechtstrieb, der ...

> »das ganze Denken und Fühlen in Beschlag nimmt, nichts Anderes neben sich aufkommen lässt, stürmisch, brunstartig nach Befriedigung verlangt, ohne die Möglichkeit sittlicher und rechtlicher Gegenvorstellungen zu gewähren, mehr oder weniger impulsiv sich entäußert und gleichwohl nach vollzogenem Geschlechtsakt nicht oder nur für kurze Zeit befriedigt, in der unstillbaren Begierde nach neuem Genuss den ihm Unterworfenen sich verzehren lässt. [...] Episodisch kann er sich zu einem Sexualaffekt von solcher Höhe steigern, dass das Bewusstsein sich trübt, Sinnesverwirrung eintritt und in einem wahren psychischen Notstand, unter unwiderstehlichem Zwang ein sexueller Gewaltakt erfolgt.« (von Krafft-Ebing 1902, 14. Auflage, S. 60–61)

Krafft-Ebing wies damit auch auf die Bedeutung solcher Zustände für die forensisch-psychiatrische Beurteilung hin:

> »Solche psychosexuale Ausnahmezustände sind [...] für das Forum von größter Wichtigkeit, da die Zurechnungsfähigkeit in solcher seelischer Verfassung, wo dem auf pathologische Höhe gesteigerten Naturtrieb gegenüber sittliche und rechtliche Gegenmotive versagen, kaum mehr annehmbar ist.« (von Krafft-Ebing 1902, 14. Auflage, S. 61)

Hans Giese (1920–1970), Gründer des Hamburger Instituts für Sexualforschung am Universitätsklinikum Hamburg-Eppendorf, wertete ein »süchtiges Erleben« – neben Verfall an die Sinnlichkeit, zunehmender Frequenz bei abnehmender Befriedigung (Satisfaktion), Promiskuität und Anonymität, Ausbau von Fantasie, Praktik und Raffinement sowie Periodizität der dranghaften Unruhe – als eines der Leitsymptome für alle »Perversionen«, dem damaligen Begriff für das, was man heute – zumindest in Teilen – als Störung der Sexualpräferenz oder paraphile Störung bezeichnen würde (Giese 1962, S. 420–465). Giese bezog sich auf Victor Emil von Gebsattel (1883–

1976) und verglich solch süchtiges Erleben sexueller Verhaltensweisen mit dem »Ausgeliefertsein der Person ›wie an‹ ein Narkotikum« (Giese 1962, S. 454). Laut Giese scheinen »die normalen sexuellen Vollzüge seltener als die abnormen zur Süchtigkeit zu verleiten«, allerdings orientiere die »äußere Praktik allein [...] nicht über das Vorliegen des psychopathologischen Phänomens ›Süchtigkeit‹« (Giese 1962, S. 455). Damit wies er auf die Bedeutung dieses Symptoms auch für nicht deviante sexuelle Verhaltensweisen hin.

In Anlehnung an das Modell und die Terminologie der Sucht für alkohol- und andere substanzbezogene Abhängigkeits-Syndrome prägte der US-Amerikaner Patrick Carnes (geb. 1940) den Begriff der »Sex-Sucht« (englisch: Sex Addiction) und propagierte, in teilweise eher populärwissenschaftlich anmutenden Publikationen, eine an das 12-Schritte-Programm der Anonymen Alkoholiker angelehnte Therapie bzw. ein Selbsthilfekonzept (Carnes 1991). Zu den Symptomen einer »Sex-Sucht« gehören nach Carnes (1991) der Kontrollverlust, schwerwiegende Folgen, Unfähigkeit trotz schädlicher Konsequenzen aufzuhören, beharrliches Verfolgen selbstzerstörerischer oder hochriskanter Verhaltensweisen, kontinuierlicher Wunsch bzw. Bemühungen, das sexuelle Verhalten einzuschränken, sexuelle »Zwangsvorstellungen« und Fantasien als primäre Bewältigungsstrategien, ständig zunehmende sexuelle Erlebnisse, weil die augenblicklichen Aktivitäten nicht ausreichen, schwere Stimmungsschwankungen im Zusammenhang mit der Sexualität, übermäßiger Zeitaufwand sowie Vernachlässigung sozialer, beruflicher oder erholsamer Aktivitäten. Dieses Suchtkonzept von Carnes hatte sich historisch aus in den späten 1970er Jahren entstandenen Sexsucht-Selbsthilfegruppen (wie den »Anonymen Sexsüchtigen« oder den »Anonymen Sex- und Liebessüchtigen«) entwickelt und wird von vielen Betroffenen als plausibel und hilfreich erlebt. Trotz der Popularität dieses Begriffs wurde er nie in die internationalen Krankheitsklassifikationssysteme für psychische Störungen, der International Classification of Diseases (ICD) der WHO oder dem Diagnostic and Statistical Manual of Mental Disorders (DSM) der Amerikanischen Psychiatrischen Gesellschaft (American Psychiatric Association, APA) übernommen.

1.3 Diagnostic and Statistical Manual of Mental Disorders (DSM)

Im amerikanischen Klassifikationssystem psychischer Störungen, dem DSM, fand sich erstmals in der dritten Version aus den frühen 1980er Jahren ein Hinweis auf sexuell-süchtiges Verhalten in der Restkategorie »Psychosexual Disorders Not Otherwise Specified«. Auch in der revidierten Version der dritten Auflage des DSM (DSM-III-R) im Jahr 1987 blieb sexuell-süchtiges Verhalten als ein Beispiel dieser Restkategorie zugeordnet. Dort wurde es definiert als »Besorgnis über ein Verhaltensmuster wiederholter sexueller Eroberungen oder anderer Formen nicht paraphiler sexueller Süchtigkeit, wobei die häufig wechselnden Sexualpartner nur als Objekte benutzt werden« (Diagnostische Kriterien und Differentialdiagnosen des Diagnostischen und statistischen Manuals psychischer Störungen DSM-III-R, deutsche Fassung 1989, S. 244). Anschließend wurde sexuell-süchtiges Verhalten im DSM-IV und seiner Text-Revision wieder der Restkategorie der sexuellen Störungen zugeordnet (Kafka 2010). Kafka war es, der erstmals operationalisierte Diagnosekriterien der hypersexuellen Störung, so wie er sexuell-süchtiges Verlangen und Verhalten bezeichnete, zur Aufnahme in das DSM-5 vorschlug, wobei diese Kriterien in einigen Punkten an die diagnostischen Konstrukte der stoffgebundenen und nicht stoffgebundenen Abhängigkeitserkrankungen erinnern (Kafka 2010).

Diagnostische Kriterien der hypersexuellen Störung nach Kafka (2010)

Über einen Zeitraum von mindestens sechs Monaten Vorliegen von wiederkehrenden und intensiven sexuellen Fantasien, sexuellem Verlangen oder sexuellen Verhaltensweisen, bei denen drei oder mehr der folgenden Merkmale erfüllt werden:

A1. Die Zeit, die mit sexuellen Fantasien, sexuellem Verlangen oder sexuellen Verhaltensweisen verbracht wird, beeinträchtigt wiederholt die Beschäftigung mit anderen wichtigen (nicht sexuellen) Zielen, Aktivitäten und Pflichten.

A2. Wiederholte Beschäftigung mit sexuellen Fantasien, sexuellem Verlangen oder sexuellen Verhaltensweisen als Reaktion auf dysphorische Stimmungszustände (z. B. Ängstlichkeit, Depression, Langeweile, Irritierbarkeit)

A3. Wiederholtes Beschäftigen mit sexuellen Fantasien, sexuellem Verlangen oder sexuellen Verhaltensweisen als Reaktion auf stressige Lebensereignisse

A4. Wiederholte, aber vergebliche Bemühungen, die sexuellen Fantasien, das sexuelle Verlangen und die sexuellen Verhaltensweisen zu kontrollieren oder bedeutend zu mindern

A5. Wiederholtes Beschäftigen mit sexuellen Verhaltensweisen unter Nichtbeachtung des Risikos körperlichen oder emotionalen Schadens für sich selbst und für andere

Es bestehen ein klinisch relevanter persönlicher Leidensdruck oder Funktionseinbußen im sozialen oder beruflichen Umfeld oder in anderen wichtigen Bereichen, die im Zusammenhang mit der Häufigkeit und Intensität der sexuellen Fantasien, des sexuellen Verlangens und der sexuellen Verhaltensweisen stehen.

Die sexuellen Fantasien, das sexuelle Verlangen und die sexuellen Verhaltensweisen können nicht auf die physiologischen Auswirkungen exogener Faktoren (z. B. auf Drogenmissbrauch oder Medikamente) zurückgeführt werden.

Obwohl die von Kafka vorgeschlagenen Kriterien in den DSM-5-Feldstudien zufriedenstellende Ergebnisse hinsichtlich Reliabilität, Validität und Stabilität zeigten (Reid et al. 2012), wurde das Konzept der hypersexuellen Störung letztlich nicht als eigenständige Diagnose in das DSM-5 aufgenommen. Kritisiert wurden die ungenügend vorliegenden kulturübergreifenden epidemiologischen Studien, der unzureichende Wissensstand hinsichtlich der Ätiologie und verwandter psychologischer und (neuro-)biologischer Faktoren sowie die Gefahr einer Überpathologisierung normalen sexuellen Verhaltens und einer missbräuchlichen Verwendung im forensisch-psychiatrischen Kontext (Halpern 2011; Moser 2011; Turner und Briken 2019). Nichtsdestotrotz können die von Kafka vorgeschlagenen Kriterien im klinischen Alltag helfen, diagnostische Unsicherheiten aufzulösen, und wurden – seit deren Publikation 2010 – in zahlreichen wissenschaftlichen Untersuchungen der operationalisierten Diagnosestellung zugrunde gelegt.

1.4 International Classification of Diseases (ICD)

Schon in der 6. Version der Internationalen Klassifikation der Krankheiten (ICD-6) der WHO aus dem Jahr 1948 war es möglich, unter der Kategorie »pathologische Sexualität« gesteigertes sexuelles Verhalten diagnostisch einzuordnen. Allerdings fand sich erstmals in der aktuell noch gültigen 10. Version der ICD (ICD-10) ein direkter diagnostischer Hinweis auf sexuell-süchtiges Verhalten mit der Diagnose »gesteigertes sexuelles Verlangen«, inklusive »Nymphomanie« und »Satyriasis« (F52.7) im Kapitel der sexuellen, nicht durch eine organische Störung oder Krankheit verursachten Funktionsstörungen (Krueger 2016, S. 2110). Die Definition beinhaltete jedoch nicht nur veraltete und abwertende Termini, sondern war nicht durch

1 Historische Entwicklung und Definitionen

diagnostische Kriterien operationalisiert (Krueger 2016, S. 2110). Zum 01.01.2022 trat offiziell die 11. Version der ICD in Deutschland in Kraft und soll nach einer Übergangszeit von fünf Jahren verbindlich zur Kodierung von Krankheiten bzw. Störungen gelten. In der ICD-11 findet sich die neu eingeführte Diagnose »zwanghafte sexuelle Verhaltensstörung« (englisch: Compulsive Sexual Behaviour Disorder, CSBD). Diese findet sich allerdings nicht im Kapitel der sexuellen Störungen, sondern neben der Pyromanie, der Kleptomanie und der intermittierend-explosiblen Störung im Kapitel der Impulskontrollstörungen (für eine ausführliche Darstellung der Veränderungen der sexuellen Störungen von ICD-10 und ICD-11 siehe Klein et al. 2015a; Reed et al. 2016, 2022). Dennoch entsprechen zentrale Kriterien der CSBD denen für einen schädlichen bzw. abhängigen Substanzgebrauch: Das sexuelle Verhalten soll ein zentraler Lebensinhalt mit Vernachlässigung von Gesundheit und anderen wichtigen Aktivitäten geworden sein, es soll trotz schädlicher Folgen fortgesetzt werden, wiederholte Versuche einer Verhaltensänderung sollen gescheitert sein.

Diagnostische Kriterien der CSBD bzw. zwanghaften sexuellen Verhaltensstörung nach ICD-11 (World Health Organization 2022, Übersetzung aus dem Englischen nach Gregório Hertz und Turner 2021)
Das zwanghafte sexuelle Verhalten ist charakterisiert durch einen andauernden und wiederkehrenden sexuellen Drang oder sexuelle Impulse, die als unwiderstehlich und unkontrollierbar empfunden werden und die zu wiederholtem sexuellem Verhalten führen.
 Daneben muss mindestens eins der folgenden Kriterien vorliegen:

- Das sich wiederholende sexuelle Verhalten muss zu einem zentralen Inhalt im Leben der betroffenen Person werden, bis zu dem Punkt, dass die persönliche Gesundheit oder andere wichtige Aktivitäten vernachlässigt werden.

- Wiederholte Versuche, das sexuelle Verhalten zu kontrollieren oder zu reduzieren, sind gescheitert.
- Trotz negativer Konsequenzen (z. B. Abbruch wichtiger persönlicher Beziehungen, berufliche Konsequenzen, negative gesundheitliche Folgen) wird das sich wiederholende sexuelle Verhalten fortgeführt.

Das Verhaltensmuster bestehend aus wiederholt gescheiterten Versuchen, den andauernden und wiederkehrenden sexuellen Drang oder die sexuellen Impulse zu kontrollieren, zeigt sich über einen längeren Zeitraum (z. B. sechs Monate oder mehr).

Die wiederkehrenden sexuellen Impulse und Verhaltensweisen verursachen ausgeprägten Leidensdruck oder signifikante Einschränkungen in persönlichen, familiären, sozialen, beruflichen oder anderen bedeutenden Lebensbereichen. Leidensdruck, der allein aufgrund strikter Moralvorstellungen und daraus resultierender Ablehnung sexueller Impulse und Verhaltensweisen resultiert, reicht nicht, um diese Voraussetzung zu erfüllen.

Diese Kriterien der CSBD lösten eine teilweise hitzig geführte Fachdiskussion aus. Die ausgewerteten Kommentare des Fachpublikums reichten von Zustimmung bis hin zu absoluter Ablehnung aufgrund einer unzureichenden Konzeptualisierung, eines unzureichenden wissenschaftlichen Kenntnisstands oder befürchteten nachteiligen Auswirkungen für diagnostizierte Personen (Fuß et al. 2019). Die Diskussion verdeutlicht, dass für ein besseres Verständnis zwanghaften – oder süchtigen – sexuellen Verhaltens, insbesondere hinsichtlich der Ätiologie, noch weitere Untersuchungen nötig sind. Dennoch halten die Autor:innen dieses Buches in Übereinstimmung mit der WHO die Aufnahme dieser neuen diagnostischen Kategorie für gerechtfertigt. Die klinische Erfahrung lehrt, dass es offizieller diagnostischer Kriterien für eine adäquate Versorgung betroffener Personen bedarf (Kraus et al. 2018).

Die diagnostischen Merkmale der CSBD gemäß ICD-11 sollen an zwei Fallbeispielen veranschaulicht werden. Um eine Wiedererkennung mit realen Personen zu vermeiden, wurden alle Fallvignetten in diesem Buch aus den klinischen Erfahrungen mit vielen Patient:innen konstruiert.

Fallbeispiel 1: Herr O.[1]
Herr O. ist ein attraktiver, intelligenter, 23-jähriger, lediger und kinderloser Bühnenbildner. Er sucht von sich aus therapeutische Hilfe, weil er seit über sieben Jahren an einer »Sexsucht« leide, täglich schaue er an seinem Computer zwei- bis viermal jeweils ein bis drei Stunden Pornografie im Internet an, v. a. ästhetisch gestaltete Nacktfotos, und masturbiere dabei. Zeitweise habe er sich dadurch körperliche Symptome, z. B. Entzündungen am Penis, zugezogen, oft fühle er sich »total leer«. Seine Wahrnehmung gegenüber Frauen habe sich hin zu Sexual-Objekten verändert, obwohl er eigentlich ein sehr sensibler Mensch sei. Zudem beeinträchtigen Unterbrechungen bei Projektarbeiten infolge seines Pornografiekonsums seine berufliche Tätigkeit und er vernachlässige zunehmend Kontakte zu Freunden und Bekannten. Parallel zu der »sexsüchtigen« Entwicklung leide er zunehmend unter längeren depressiven Verstimmungen. Wiederholte Versuche, seinen Pornografiekonsum einzuschränken, seien erfolglos geblieben; besonders bei schlechter Stimmung gelinge es ihm nicht, seinen Drang zu kontrollieren.

In der Sexualanamnese fällt ein relativ früher Beginn von Masturbation ab dem sechsten Lebensjahr auf, etwa ab dem 14. Lebensjahr fast ausschließlich mittels Pornografie im Internet. Er suche dabei nach dem ästhetisch-perfekten Körper. In mehreren auch längeren Beziehungen mit etwa gleichalten Frauen hatte er häufig gelitten, u. a. weil die Partnerinnen fremdgingen. Er nahm das hin, brachte sich durch den Pornokonsum aber in einen

---

1 Bei dem Fallbeispiel handelt es sich um eine modifizierte Textfassung, angelehnt an die Kasuistik »Herr O. – der Sensible« in Hill 2011, S. 480–481.

»emotionalen Leerzustand«, in dem er das Fremdgehen tolerieren konnte. In depressiven Stimmungszuständen konsumierte er besonders viel Pornografie, um diese »Gefühle abzustellen«.

In der frühen Lebensgeschichte – mit frühen krankheitsbedingten Trennungen von den Eltern, Idealisierung der Mutter und Vermeidung von Rivalität mit dem Vater, der hohe Leistungserwartungen an den Patienten stellt – zeichnete sich ein eher fragiles Selbstwertgefühl ab. Wahrscheinlich nutzte der Patient schon in der frühen Kindheit Sexualität zur Bewältigung von Einsamkeit und Gefühlen von Unterlegenheit und Verlassenheit. Dieses Muster wiederholte sich bei späteren Kränkungen. Die sexsüchtige Symptomatik dient somit zur Bewältigung (Coping) oder – in psychodynamischer Terminologie – zur Abwehr von Depressivität, aber auch zur Abwehr bzw. Vermeidung von negativen – im weitesten Sinne aggressiven – Gefühlen und Impulsen gegenüber Frauen. Der leichte Zugang zu Pornografie im Internet erleichterte möglicherweise die Entwicklung der Symptomatik, die wiederum die Selbstwertproblematik und die depressiven Verstimmungen verstärkte.

Herr O. erfüllt die Kriterien einer CSBD nach ICD-11 mit einem über viele Jahre wiederkehrenden, als unkontrollierbar empfundenen sexuellen Drang hinsichtlich Pornografiekonsum und Masturbation, der Vernachlässigung wichtiger Aktivitäten (beruflich wie privat) sowie Beeinträchtigungen der psychischen und – in geringem Ausmaß – auch körperlichen Gesundheit (Entzündungen am Genital), einem ausgeprägten Leidensdruck und wiederholten gescheiterten Versuchen, seinen Drang und seine sexuellen Impulse zu reduzieren. In diesem Beispiel wird auch ein Kriterium erkennbar, das Kafka für die von ihm konzipierte hypersexuelle Störung vorgeschlagen hatte, denn die auffällige Sexualität tritt, im Sinne eines dysfunktionalen Coping-Versuchs, als Reaktion auf dysphorische Stimmungen (hier Depressivität und Einsamkeit) auf.

Fallbeispiel 2a: Herr D.
Herr D. ist ein 62-jähriger kaufmännischer Angestellter in der IT-Abteilung eines größeren Unternehmens, in erster Ehe verheiratet und Vater eines erwachsenen Sohnes. Er kommt auf Empfehlung seines Hausarztes, nachdem gegen ihn ein Disziplinarverfahren wegen des Konsums von legaler Pornografie eingeleitet worden war. Bei der Arbeit habe er in den letzten zwei Jahren täglich etwa ein bis zwei Stunden Pornofilme geschaut und auf Partnerforen gechattet, zu Hause etwa weitere zwei bis sieben Stunden täglich. Schon seit Jahren betreibe er exzessiv »Autosexualität«, häufig als eine Art »Beruhigungszwang« bei negativen Gefühlen. Zudem habe er wiederholt Außenbeziehungen unterhalten. In der Ehe gebe es seit langem keinen Sex mehr. Zwar habe er in den letzten anderthalb Jahren versucht, seinen Pornografiekonsum zu verringern und auf der Arbeit ganz einzustellen, nachdem Kollegen ihn dabei beobachtet und gewarnt hätten. Er sei jedoch immer wieder in sein altes Verhalten zurückgefallen, besonders bei Langeweile oder schwierigen Aufgaben. Seit etwa drei Jahren leide er zudem unter Erektionsstörungen, z. T. auch bei der Selbstbefriedigung. Urologisch habe sich dafür kein pathologischer Befund ergeben, außer den Risikofaktoren Adipositas und Nikotinkonsum.

Schon seit der Vorschulzeit habe er sich durch sexuelle Stimulation an seinem Genital beruhigt, ab Beginn der Pubertät mittels Abbildungen aus Versandhauskatalogen und Zeitschriften, gleichzeitig aber starke Skrupel bei der Masturbation gehabt. Nachdem er mit Mitte Zwanzig seine Ehefrau geheiratet hatte, sei die Sexualität zunächst sehr intensiv und leidenschaftlich gewesen, nach Geburt des Sohnes jedoch rasch abgeflaut. Seine Frau habe sich ihm schließlich ganz entzogen und keine Zärtlichkeiten mehr zugelassen, nachdem sie ihn – schon vor gut zwei Jahrzehnten – zweimal bei der Masturbation mit Pornofilmen »erwischt« habe. Herr D. habe ebenfalls keine Wünsche nach Intimität an seine Frau gerichtet. Schließlich sei er mehrere außereheliche Affären eingegangen und habe später und teilweise auch parallel über telefonische »Flirtlines« erotisch-sexuelle und freundschaftliche Kontakte mit mehreren Frauen unterhalten. Darin habe er Bestätigung und Zuwendung gesucht, aber auch dies habe ihn immer weniger emotional und sexuell befriedigt, er habe sich zunehmend in Pornografiekonsum und Selbstbefriedigung zurückgezogen. In der weiteren Anamnese wird eine chronische, dysthym-gereizte Grundstimmung und erhöhte narzisstische Kränkbarkeit erkennbar.

Auch bei Herrn D. lässt sich eine CSBD diagnostizieren: Es besteht über mehrere Jahre ein intensiver Drang nach Pornografiekonsum mit Masturbation und außerehelichen sexuellen Kontakten, den er nicht angemessen kontrollieren kann. Trotz drohender und erfolgter Sanktionen am Arbeitsplatz scheitern seine Bemühungen, sein sexuelles Verhalten zu reduzieren. Neben relevanten Einschränkungen und Belastungen im beruflichen und partnerschaftlichen Leben besteht ein subjektiver Leidensdruck, zumal ihn die sexuellen Aktivitäten immer weniger befriedigen. Als komorbide Störungen lassen sich eine Dysthymia und eine Erektionsstörung – mit wahrscheinlich psychischen und somatischen Einflussfaktoren – diagnostizieren, die beide die Entwicklung der CSBD begünstigen. Wie schon im Beispiel von Herrn O. versuchte Herr D. mit dem sexuellen Verhalten – als Coping-Mechanismus – negative Emotionen (hier Depressivität, Gereiztheit, Langeweile, Einsamkeit) zu lindern.

1.5 Abgrenzung und Überschneidungen mit paraphilen Störungen

Aus den ICD-11-Kriterien für eine CSBD können Schwierigkeiten in der Abgrenzung zu den Störungen der Sexualpräferenz (so der Begriff in der ICD-10) bzw. den paraphilen Störungen (Terminologie sowohl in der ICD-11 als auch im DSM-5), wie z. B. der pädophilen, exhibi-

1 Historische Entwicklung und Definitionen

tionistischen oder sexuell sadistischen Störung, resultieren. Auf starke Überschneidungen weist schon die oben erörterte Einordnung von »süchtigem Erleben« als eines der Kernsymptome von »Perversionen« bei Giese (1962) hin. Als Paraphilien werden von der sogenannten Norm abweichende sexuelle Interessen oder Verhaltensweisen bezeichnet, wobei das, was als »von der Norm abweichend« angesehen wird, nicht nur zwischen Gesellschaften, sondern auch innerhalb einer Gesellschaft stark variieren kann (Turner und Briken 2019). Führen diese »ungewöhnlichen« sexuellen Interessen oder Verhaltensweisen zu Leidensdruck, interpersonellen Problemen oder zu einer Eigen- oder Fremdgefährdung, spricht man gemäß ICD-11 oder DSM-5 von einer paraphilen Störung.

Vergleichbar mit der CSBD zeichnen sich auch paraphile Störungen durch einen andauernden und wiederkehrenden sexuellen Drang oder sexuelle Impulse aus, die als unwiderstehlich und unkontrollierbar empfunden werden, was eine Abgrenzung häufig zunächst schwierig gestalten kann. Bei den paraphilen Störungen bezieht sich die sexuelle Dranghaftigkeit aber allein auf das Ausleben der paraphilen Sexualität, während es bei CSBD überwiegend zu nicht paraphilem sexuellem Verhalten kommt.

Erschwerend kommt eine hohe Komorbiditätsrate von bis zu 30 % zwischen Paraphilien und CSBD hinzu (Briken et al. 2006; Kafka und Hennen 2002; Klein et al. 2015b). Bezieht sich das zwanghafte sexuelle Verhalten allein auf paraphile sexuelle Interessen und äußert sich auch nur in solchen Verhaltensweisen, sollte nur die paraphile Störung und nicht die komorbide CSBD diagnostiziert werden. In der aktuellen Erläuterung (World Health Organization 2022, englische Fassung) wird darauf hingewiesen, dass bei Personen, die sowohl die Kriterien für eine CSBD als auch die für eine paraphile Störung erfüllen, beide Diagnosen gestellt werden sollen. Dies könnte dazu führen, dass bei vielen Patient:innen mit einer ausgeprägten, progredienten paraphilen Entwicklung streng genommen beide Diagnosen zu stellen sind. Wie beschrieben reicht schon eines der Kernmerkmale (zentraler Lebensinhalt, wiederholte gescheiterte Versuche, das Verhalten zu reduzieren/kontrollieren, oder Fortführung trotz negativer Konsequenzen) zur Diagnose einer CSBD aus. Hingegen soll laut ICD-11 bei einer Person mit einer paraphilen Störung, die in der Lage ist, eine gewisse Kontrolle über die Manifestationen ihres paraphilen Erregungsmusters auszuüben, nicht zusätzlich eine CSBD diagnostiziert werden. Dies könnte z. B. für einen pädophilen Mann gelten, der zwar unter seinen pädophilen Fantasien leidet, und – nur sehr selten – entsprechendes pornografisches Material konsumiert, aber ansonsten seine pädophilen Bedürfnisse gut kontrollieren kann und nicht handlungswirksam werden lässt.

Es bleibt abzuwarten, ob und wie die ausstehenden Übersetzungen und Manuale und die praktische Anwendung der ICD-11 diese – im Einzelfall schwierigen – differenzialdiagnostischen Abgrenzungen weiter klären und konkretisieren werden. Dieses Buch soll eine Orientierung im Verständnis, der Diagnostik und der Behandlung dieser »neuen« Diagnose ermöglichen.

2 Epidemiologie

Friederike X. E. Höfer, Laura I. Kürbitz und Andreas Hill

Epidemiologische Zahlen betreffend CSBD müssen aus verschiedenen Gründen mit Vorbehalt betrachtet werden. Erstens scheint die Möglichkeit, sich mit der eigenen Sexualität auseinanderzusetzen, in Gesellschaften mit einer hohen Dichte psychiatrischer und psychotherapeutischer Versorgung eher möglich als in Regionen, wo allenfalls eine Grundversorgung besteht. Zweitens erschweren die unterschiedlichen Konzeptualisierungen »Hypersexualität«, »Sexsucht« und CSBD (▶ Kap. 1) die Vergleichbarkeit, was zu erheblichen Diskrepanzen in der Datenlage führt (Stewart und Fedoroff 2014; Yoon et al. 2016). Aufgrund dieser Ausgangslage liegt die wahre Prävalenz von CSBD weiterhin im Dunkeln. Eine Annäherung erfolgt anhand von Untersuchungen spezieller Gruppen, wie Populationen in Kliniken oder forensischen-psychiatrischen Behandlungssettings, was zu höheren Raten führt, denn in diesen Gruppen ist die Prävalenz wahrscheinlich höher als in der Allgemeinbevölkerung (Briken und Basdekis-Jozsa 2010). Eine andere Schätzung kann aus der Perspektive der Allgemeinbevölkerung gemacht werden. Eine amerikanische Studie aus dem Jahr 2019 zeigte, dass 3 % der Amerikanerinnen und 11 % der Amerikaner angaben, ein Problem mit häufigem Konsum von Pornografie zu haben (Grubbs et al. 2019). Insgesamt schätzen Wissenschaftler die Prävalenz von CSBD auf 3–6 % (Kafka 2010; Kraus et al. 2018; Stein et al. 2001), wobei 80 % oder mehr der Betroffenen männlich sind (Reid et al. 2012). Andere Studien kommen zu sehr unterschiedlichen Prävalenzwerten mit einer Range von 1–18 % (Dickenson et al. 2018; Walton et al. 2017). In einer aktuellen repräsentativen Bevölkerungsstudie in Deutschland berichteten 4,9 % der Männer und 3,0 % der Frauen von Verhaltensweisen – irgendwann während ihres Lebens –, die den diagnostischen Kriterien einer CSBD (inkl. mindestens moderaten Distress' oder moderater Beeinträchtigung) entsprechen; bezogen auf die letzten zwölf Monate waren dies noch 3,2 % der Männer und 1,8 % der Frauen (Briken et al. 2022). Um zu vermeiden, dass der Leidensdruck allein aus einer moralischen Bewertung und Missbilligung des Sexualverhaltens resultiert (vgl. Operationalisierung der CSBD in der ICD-11, ▶ Kap. 1), wurden in einer weiteren Analyse Personen mit einer streng religiösen Erziehung oder konservativen Einstellungen über Sexualität ausgeschlossen. Es berichteten dann noch 2,5 % der Männer und 1,6 % der Frauen von einer CSBD-Symptomatik irgendwann in ihrem Leben sowie 1,6 % der Männer und 0,9 % der Frauen während der letzten zwölf Monate (Briken et al. 2022). Die aktuelle Datenlage legt nahe, dass sich die Prävalenz abhängig von Alter, Geschlecht und sexueller Orientierung der untersuchten Population verhält. Zum Beispiel gaben 3 % amerikanischer männlicher Studenten an, unter Hypersexualität zu leiden (Odlaug et al. 2013), unter US-Veteranen waren es 17 % (Smith et al. 2014), egal, ob hetero- oder homosexuell (Morgenstern et al. 2011; Parsons et al. 2015).

In einer Feldstudie zur Konzeptualisierung von Hypersexualität berichteten 54 % der Betroffenen über unregulierbare sexuelle Fantasien und Drang nach Sex bereits vor dem Erreichen des Erwachsenenalters, was einen frühen Beginn von CSBD nahelegt (Briken et al. 2022; Reid et al. 2012).

In der Gruppe der Menschen, die wegen Sexsucht eine Behandlung aufsuchen, finden sich mehr Studenten und eher weiße bzw. kaukasische Männer als Afro-Amerikaner, Latinos oder asiatisch-stämmige Amerikaner (Odlaug et al. 2013; Reid et al. 2012). Diese Gruppe weist insgesamt auch einen höheren sozioökonomischen Status auf als Menschen mit anderen psychischen Störungen (Farré et al. 2015; Reid et al. 2012), wobei dieser Unterschied auf einen besseren Zugang zu einer Behandlung zurückzuführen sein kann. Menschen mit stärkerer Religiosität sehen sich öfters als pornografie- und sexsüchtig an, wahrscheinlich, weil sie unter einer größeren moralischen Inkongruenz zwischen ihrem Pornografiekonsum und ihren religiösen Werten leiden (Grubbs et al. 2019).

Während Hypersexualität und CSBD in den letzten Jahren vermehrt erforscht wird, gibt es bis heute keine umfassenden Daten zu diesem Phänomen bei Frauen. In vielen Studien dazu wurden Frauen erst gar nicht in die Stichprobe aufgenommen (Klein und Kapla 2021). Die weibliche Sexualität wurde häufig gesellschaftlich kritisch oder vernachlässigend beäugt. Insbesondere eigenständiges weibliches Begehren wurde in der Vergangenheit häufig als problematisch betrachtet (Štulhofer et al. 2016).

Die vorhandenen Daten weisen darauf hin, dass mehr Männer als Frauen betroffen sind (Kafka 2010) und mehr Männer deswegen professionelle Hilfe aufsuchen (Dickenson et al. 2018). Briken geht von einem Verhältnis von ca. 2–3 Männern pro betroffener Frau aus (Briken 2020a). In epidemiologischen Studien berichten bis zu 7 % der Frauen, dass sie in der Vergangenheit den Eindruck hatten, ihre sexuellen Impulse und Verhaltensweisen nicht (ausreichend) kontrollieren zu können (Dickenson et al. 2018; Kuzma und Black 2008; Langstrom und Hanson, 2006). Je nach Konzeptualisierung und Stichprobe können diese Werte deutlich schwanken. In einer großen australischen Stichprobe identifizierten sich 1 % der Frauen als »süchtig nach Pornografie«, im Vergleich zu 4 % der Männer (Rissel et al. 2017). In einer repräsentativen amerikanischen Studie von erwachsenen Internetnutzern bejahten 3 % der Frauen – und 11 % der Männer – zumindest bis zu einem gewissen Ausmaß die Aussage »Ich bin pornografieabhängig« (Grubbs et al. 2019). In klinischen Populationen werden erwartungsgemäß weitaus höhere Werte (bis zu 20 % in klinischen Stichproben) berichtet (Black et al. 1997; Briken et al. 2007; Öberg et al. 2017). Im DSM-5-Feldversuch untersuchten Reid et al. (2012) Patient:innen aus spezialisierten niedergelassenen Ambulanzen und konnten zeigen, dass nur 5,3 % der Patient:innen weiblich waren.

Sexsüchtige Frauen leiden – in fallender Reihenfolge – unter häufiger Masturbation, einer hohen Zahl wechselnder Sexualpartner und dem Konsum von Pornografie (Klein 2014). Sexsüchtige Männer berichten am häufigsten über zwanghaftes Masturbieren, Pornografiekonsum, anonymen Sex mit Unbekannten und promiskuitiven sowie bezahlten Sex (Morgenstern et al. 2011; Reid et al. 2012; de Tubino Scanavino et al. 2013; ▶ Kap. 3).

Eine große Studie (n = 18.034), die Betroffene aller Geschlechter und sexuellen Orientierungen einschloss, legt nahe, dass schwullesbische, bisexuelle, transgender und queer (LGBTQ+)-Männer die Gruppe mit der höchsten Rate (31 %) von hypersexuellen Verhaltensweisen darstellen, während LGBTQ+-Frauen ein hohes Risiko aufweisen, Hypersexualität als Coping-Strategie zu nutzen (Böthe et al. 2018), also als Bewältigungsstrategie, um eine überfordernde oder belastende Lebenssituation zu meistern (englisch: »to cope with«, deutsch: »bewältigen, überwinden«). Hier wird das sexuelle Verhalten implizit dazu eingesetzt, sich zu erholen, negative Ereignisse erträglicher zu machen, das emotionale Gleichgewicht zu sichern und/oder ein positives Selbstbild zu bewahren.

Merke: Zusammenfassend lässt sich aufgrund der bisher uneinheitlichen Definitionen und Operationalisierungen von hypersexuellem bzw. süchtigem oder zwanghaftem sexuellen Verhalten empirisch nur ein eingeschränktes, vorläufiges Bild hinsichtlich Häufigkeit und Behandlungsbedürftigkeit von CSBD zeichnen. Die vorliegenden Daten weisen jedoch darauf hin, dass die Gruppe der betroffenen Personen mit Leidensdruck und Behandlungswunsch groß genug ist, um die Diagnose eines spezifischen Störungsbildes in der ICD-11 zu rechtfertigen. Männer, insbesondere nicht heterosexuelle Männer, sind häufiger betroffen als Frauen. Zudem differiert die Ausprägung des Störungsbilds zwischen Frauen und Männern. Personen mit einer starken religiösen Verankerung neigen eher dazu, ihr sexuelles Verhalten als problematisch und pathologisch anzusehen, was bei der Entscheidung über eine Beratung oder Therapie berücksichtigt werden sollte (Briken 2020a; Briken et al. 2022).

3 Verhaltensspezifika

Fanny de Tribolet-Hardy, Laura I. Kürbitz und Andreas Hill

Verhaltensspezifika im Rahmen von sexuell süchtigem oder sexuell zwanghaftem Verhalten können sehr unterschiedlich sein und sind den diagnostischen Konzepten nur vereinzelt zu entnehmen. So wird »Hypersexualität« im Glossar des DSM-5 (American Psychiatric Association 2013) als ungewöhnlich starker Drang zu sexuellen Aktivitäten definiert, wobei keine weitere Spezifizierung der einzelnen Aktivitäten vorliegt. Die Diagnose eines »gesteigerten sexuellen Verlangens« nach ICD-10 (Dilling et al. 2000) verlangt zwar zusätzlich einen Leidensdruck der oder des Betroffenen, konkrete Verhaltensweisen oder andere diagnostische Kriterien werden jedoch nicht beschrieben. Kafka äußerte sich konkreter und befand in Anlehnung an Kinsey, dass sieben oder mehr Orgasmen pro Woche über einen Zeitraum von sechs Monate hinweg als hypersexuelles Verhalten eingeordnet werden können (Kafka 1997). Der Begriff »Sexual Preoccupation« (sexuelle Über-Beschäftigung) beschreibt eine erhöhte gedankliche Einvernahme durch Sexualität. Dazu gehören insbesondere sexuelle Tagträume und Fantasietätigkeit, jedoch auch der Grad der Inanspruchnahme durch sexuelle Handlungen (wie Pornografiekonsum, Masturbation, Suche nach potenziellen Sexualpartnern). Kafka beschreibt, dass eine gedankliche Einvernahme von mindestens einer Stunde pro Tag als klinisch relevant einzuordnen ist, sofern daraus negative psychosoziale Konsequenzen resultieren (Kafka 2003). Patient:innen können im klinischen Alltag jedoch auch deutlich höhere zeitliche Inanspruchnahmen berichten, bis hin zu mehreren Stunden pro Tag.

Im Rahmen der Diagnosekriterien für die hypersexuelle Störung, deren Aufnahme in das DSM-5 vorgeschlagen, aber letztlich nicht angenommen wurde, verweist Kafka neben den diagnostischen Kriterien (▶ Kap. 1) auf verschiedene spezifische Verhaltenskategorien, in denen sich die Störung manifestieren kann, wie Masturbation, Pornografie, sexuelles Verhalten mit erwachsenen Geschlechtspartnern, Cybersex, Telefonsex und dem Besuch von Strip-Clubs (Kafka 2010). Für die Compulsive Sexual Behavior Disorder (CSBD) nach ICD-11 (▶ Kap. 1) wurden wiederum keine Verhaltensspezifika in den Diagnosekriterien integriert, vielmehr konzentriert sich die Störungsrelevanz auf die, insbesondere psychischen und psychosozialen, Konsequenzen des Verhaltens für Betroffene (World Health Organization 2019). Somit orientiert sich der Krankheitswert von sexuell süchtigem oder zwanghaftem Verhalten weniger an spezifischen sexuellen Verhaltensweisen oder deren Frequenz. Vielmehr sind der daraus resultierende persönliche, subjektive Leidensdruck sowie die negativen psychosozialen Folgen in bedeutenden Lebensbereichen relevant. Trotzdem sind die Art, Frequenz und zeitliche Inanspruchnahme der sexuellen Verhaltensweisen sowie deren Folgen im Rahmen einer ausführlichen Sexualanamnese zu ergründen, um ein Störungskonzept zu erarbeiten und psychotherapeutisch intervenieren zu können. Dabei gilt es, die subjektive Qualität der sexuellen Handlungen zu explorieren. Forschungsergebnisse verweisen auf die besondere Störungsrelevanz von unpersönlichen Sexualkontakten und sexuellen Handlungen: Während hochfrequente unpersönliche Sexualkontakte, d. h. Sexualkontakte mit Fokussierung auf den Akt an sich (autoerotisch oder mit Gegenüber), mit einer geringeren Zufriedenheit einhergingen, wurde bei hochfrequenten persönlichen Sexualkontakten, d. h. mit Fokussierung auf das Gegenüber, eine höhere Zufriedenheit berichtet (Långström und Hanson 2006).

Nachfolgend werden häufig zu beobachtende Verhaltensweisen im Rahmen einer CSBD erörtert. Diese können zwar sowohl bei Frauen als auch bei Männern auftreten, Männer berichten aber häufiger über übermäßige Masturbation, Pornografiekonsum, Telefonsex und Prostituiertenbesuche bzw. Strip-Club-Besuche.

3 Verhaltensspezifika

3.1 Masturbation

Masturbation als autoerotische Form der Sexualität gilt als eine der Hauptformen der hypersexuellen Verhaltensweisen bei Männern. Studien legen nahe, dass 30–75 % der hypersexuellen Patienten von zwanghaftem bzw. exzessivem Masturbieren zu überwiegend pornografischen Inhalten berichten (Kaplan und Krueger, 2010). Hinsichtlich der Häufigkeit betrachteten Brody und Costa (2009) 15 masturbatorische Handlungen pro Monat als Hinweis für Hypersexualität, während Kafkas Konzeption eine höhere Frequenz (sieben Orgasmen pro Woche über sechs Monate) verlangt. Im klinischen Alltag werden jedoch oftmals höhere Frequenzen mit mehrfachen masturbatorischen Handlungen pro Tag berichtet, die einen beträchtlichen Zeitaufwand (bis zu mehreren Stunden täglich) einnehmen können und häufig mit dem exzessiven Konsum von Pornografie einhergehen (▶ Kap. 3.2). Oft werden langanhaltende Stimulations- und Erregungsphasen angestrebt und der Orgasmus hinausgezögert.

3.2 Cybersex und Konsum von Internetpornografie

Cybersex gilt als Sammelbegriff für verschiedene Online-Aktivitäten, wie der Konsum von Pornografie, die Teilnahme an Sex-Chats, die Verwendung von Sex-Webcams, die Onlinesuche nach Sexpartner:innen oder die Teilnahme an 3D-Sexrollenspielen (Wéry und Billieux 2017). Wie hoch der Anteil von Cybersex-Konsument:innen in der Allgemeinbevölkerung ist, ist weitgehend unklar. Untersuchungen in verschiedenen Ländern mit jungen Erwachsenen können als Annäherung betrachtet werden und legen nahe, dass ca. 30 % Cybersex praktizieren und zwischen 70–86 % Zugang zu sexuell stimulierendem Material haben (Ballester-Arnal et al. 2017; Döring et al. 2017). Cybersex-Aktivitäten wird ein besonderes Risiko zur Suchtentwicklung zugeschrieben (Davis 2001), wobei manche Studien nahelegen, dass nur ein geringer Anteil zwischen 1 und 10 % der befragten Nutzer:innen ihre Cybersex-Aktivitäten als pathologisch einordnen (de Alarcón et al. 2019). In einer repräsentativen Studie aus den USA berichteten 11 % der befragten Männer und 3 % der Frauen über suchtähnliche Gefühle betreffs ihres Konsums von Internetpornografie (Grubbs et al. 2019). Andere Studien verweisen auf höhere Raten, wonach 14–29 % der befragten Konsument:innen über irgendeine Form von negativen Folgen berichteten, wie verminderte Kontrolle über den Konsum oder höhere finanzielle Ausgaben als geplant (Ballester-Arnal et al. 2017). Zur Erklärung des Suchtpotenzials von Internetpornografiekonsum wurde das Internet als »Triple-A-Engine« bezeichnet, da dort Pornografie »Accessible« (d. h. leicht zugängliches, umfangreiches Angebot), »Affordable« (d. h. erschwinglich, kostengünstig oder umsonst) und »Anonymous« (d. h. der Nutzer bleibt unsichtbar und unerkannt) ist (Hill et al. 2007).

Über 80 % der Personen mit Hypersexualität bzw. CSBD, die sich in Behandlung begeben, berichten über einen problematischen Konsum von Internetpornografie (de Tubino Scanavino et al. 2013; Wordecha et al. 2018). Es handelt sich dabei um die am meisten praktizierte sexuelle Aktivität im Rahmen dieses Störungsbildes und geht häufig mit exzessiver Masturbation einher (Reid et al. 2012). Der exzessive Pornografiekonsum gilt als wichtigster Grund für das Aufsuchen einer Therapie (Wordecha et al. 2018). Im Kontext des suchtartigen oder zwanghaften Pornografiekonsums sind jedoch auch andere Faktoren zu berücksichtigen. So verweisen empirische Ergebnisse auf einen Zusammenhang dieser Verhaltensweisen mit sexuellen Dysfunktionen (bes. Erektionsstörungen), wobei der Pornografiekonsum oft initial zur Steigerung der Erregung eingesetzt wird, im Verlauf die Funktionsstörung aber aufrechterhalten oder verstärken kann (durch vermindertes Selbstwertgefühl und erhöhten Leistungsdruck durch Vergleich mit den Pornografie-Akteuren, Vermeidungsverhalten oder Verstärkung irrationaler Annahmen). Weitere Einflussfaktoren für hohen Pornografiekonsum können eine konservative Sozialisation, psychosoziale Traumata und psychische Belastungen (Substanzmissbrauch, Angst- und Zwangsstörungen, Depressivität und Einsamkeit) sein (Giménez-García et al. 2021). Zwar ist das Internet mittlerweile das wichtigste Medium zur Nutzung von Pornografie, es gibt jedoch auch noch Personen, die analoges pornografisches Material suchtartig konsumieren.

Vor diesem Hintergrund sind im Rahmen einer Sexualanamnese detaillierte Informationen zum Pornografiekonsum zu erfragen, über Frequenz (Konsummomente und Anzahl Orgasmen), Dauer (des Konsums und Wochenstunden), Konsumsituation (Zuhause, Arbeit, unterwegs, Handy vs. PC, paralleler Substanzkonsum) und subjektive Kontrollierbarkeit des Verhaltens. Angaben zu präferierten Inhalten sowie assoziierten Gefühlen können Aufschluss darüber geben, wie belastend und möglicherweise explorativ der Pornografiekonsum erfolgt. Betroffene berichten häufig, den Pornografiekonsum trotz negativer Konsequenzen (wie Problemen am Arbeitsplatz, finanzieller Belastungen, Entdeckung durch Dritte, erheblichem Zeitaufwand) nicht regulieren zu können. Weiter kann ein zunehmend explorativer Pornografiekonsum riskantes bzw. potenziell strafrechtlich relevantes Verhalten beinhalten, wenn Betroffene im Rahmen einer Form der Toleranzentwicklung beginnen, sich immer »härteren« und potenziell illegalen Inhalten (Gewaltpornografie, Kinderpornografie bzw. Missbrauchsabbildungen) zuzuwenden.

3.3 Promiskes Sexualverhalten

Promiskes Sexualverhalten umfasst einvernehmliche sexuelle Handlungen mit zahlreichen und wechselnden Sexualpartner:innen. Der sexuelle Kontakt zeichnet sich dabei insbesondere durch Unpersönlichkeit und Austauschbarkeit des jeweiligen Gegenübers aus.

Darunter werden z.B. Besuche von Prostituierten, außerpartnerschaftliche/-eheliche Affären (i. S. eines notorischen »Fremdgehens«) und Geschlechtsverkehr mit multiplen Sexualpartnern subsumiert. Betroffene berichten häufig, die Umgebung permanent nach möglichen Sexualpartner:innen abzusuchen. Dieses Verhalten bzw. die Anbahnung dazu gestaltet sich oftmals zeit- und ressourcenintensiv, wobei neben geschickter Werbung um potenzielle Partner:innen auch Online-Partner-/Sex-Börsen in Anspruch genommen werden, zuweilen auch unter anderen Identitäten. Studien legen nahe, dass 45 % der Patient:innen mit einer hypersexuellen Störung bzw. CSBD von promisken Verhaltensweisen berichten, wobei im Durchschnitt 15,4 Sexualpartner:innen innerhalb eines Zeitraums von 12 Monaten angegeben werden (Reid et al. 2012).

3.4 Telefonsex und Strip-Clubs

Das Praktizieren von Telefonsex oder der Besuch von Strip-Clubs gilt ebenfalls als Verhaltensparameter einer CSBD, werden jedoch im Vergleich zu den vorangehenden Kategorien weniger häufig benannt. Laut Studien berichten 8–9 % der Betroffenen von übermäßigem Telefonsex und 9 % von Besuchen von Strip-Clubs (Briken et al. 2007; Reid et al. 2012). Insbesondere für den Besuch von Strip-Clubs werden jedoch unterschiedliche Bedürfnisse als ausschlaggebend beschrieben. So müssen nicht immer sexuelle Interessen im Vordergrund stehen, sondern auch das Bedürfnis nach Gesellschaft kann eine Rolle spielen (Kaplan und Krueger 2010). Sowohl Telefonsex als auch der Besuch von Strip-Clubs – wie auch die Inanspruchnahme von Prostituierten – gehen üblicherweise mit erheblichen finanziellen Kosten einher, was zu finanziellen Schwierigkeiten und Schulden führen kann und im Therapiekontext zu adressieren ist.

3.5 Riskantes Sexualverhalten

Riskantes Sexualverhalten umfasst sexuelle Verhaltensweisen, die ein (potenzielles) »Risiko« aufweisen und aufgrund selbst- oder fremdschädigender Aspekte als »pathologisch« eingeordnet werden. Dazu gehören eine Reihe von sexuellen Verhaltensweisen, die mit dem erhöhten Risiko einer Infektion mit sexuell übertragbaren Krankheiten oder einer unerwünschten Schwangerschaft einhergehen, wie z. B. häufig wechselnde oder eine große Anzahl an Sexualpartner:innen, fremde bzw. flüchtig bekannte Sexualpartner:innen, Sex unter Alkohol- oder Drogeneinfluss oder Sex ohne Kondom bzw. ohne andere Verhütungsmittel (Hill et al. 2015). In diesem Zusammenhang gilt es, zusätzlich das Ausmaß bzw. den Einfluss von »Sensation Seeking« zu berücksichtigen (Balon und Briken 2021). »Sensation Seeking« gilt als ein Persönlichkeitsmerkmal bestehend aus einer aktiven Suche nach Abenteuer und Nervenkitzel, Offenheit für neue Erfahrungen, einer Tendenz, sich rasch zu langeweilen sowie Enthemmung (Zuckerman 2010). Alle Faktoren können dazu führen, dass die betroffenen Personen bereit sind, höhere Risiken einzugehen, um Sexualität auszuleben.

Neben den aufgeführten, häufigen Verhaltensweisen bei einer CSBD können auch andere sexuelle Handlungen bedeutsam sein, wie die Nutzung von Fetischen oder Cruising-Verhalten an bestimmten Örtlichkeiten (wie Parks, Saunen, Pornokinos). Entscheidend ist es, sich im Rahmen der Sexualanamnese, aber auch im Verlauf einer Behandlung ein umfassendes Bild des sexuellen Verhaltens und Erlebens der betroffenen Person zu verschaffen. Häufig werden scham- und schuldbesetzte Wünsche und Verhaltensweisen erst nach einiger Zeit und dem Aufbau einer vertrauensvollen therapeutischen Beziehung berichtet.

Fallbeispiel 3: Herr H.
Der 42-jährige Herr H. bittet um psychotherapeutische Unterstützung aufgrund von »Sex-Sucht«. Herr H. ist Akademiker und in

einer Führungsfunktion tätig, alleinstehend und kinderlos. Er entstammt geordneten familiären Verhältnissen der Mittelschicht. Als ausschlaggebend für das Aufsuchen der Psychotherapie werden erfolglose Versuche, den exzessiven Internetpornografiekonsum zu sistieren, beschrieben. Der Patient verweist auf einen seit mehreren Jahren bestehenden, täglichen mehrstündigen Konsum von Internetpornografie. Besonderer Anreiz habe dabei die oftmals lang hingezogene Suche nach dem für ihn »erregendsten« Bild, vorzugsweise aus dem sadomasochistischen Genre. Post-orgastisch leide er häufig an ausgeprägten Schuld- und Schamgefühlen, hege teilweise auch die paranoide Idee, jemand habe ihn bei den masturbatorischen Handlungen beobachtet und werde ihn erpressen. Masturbiere er ein bis zwei Tage nicht, erlebe er »Entzugssymptome«, wie innere Unruhe oder ein Ziehen in den Händen. Versuche, den Internetpornografiekonsum zu reduzieren, hätten das wiederholte Installieren von Internet-Blocking-Programmen umfasst, was jedoch langfristig nicht funktioniert habe. In Phasen mit besonders ausgeprägten »Entzugssymptomen« umgehe er das Blocking-System dann doch. Aufgrund des zeitintensiven Pornografiekonsums habe er in den letzten Jahren zunehmend soziale Kontakte und Aktivitäten vernachlässigt. Mittlerweile verfüge er über keine nahen Freunde mehr, auch die Familie sei entfremdet. Neben dem Konsum von Internetpornografie besuche Herr H. regelmäßig Prostituierte und Strip-Clubs. Diese Kontakte erlebe er als selbstwertstabilisierend. Er fühle sich dort gesehen und wertgeschätzt. Sowohl am Arbeitsplatz oder am Wochenende auf Partys dominiere eine ständige Suche nach potenziellen Sexualpartnerinnen. Oft erlebe er dabei eine Rivalität mit anderen Männern. Für One-Night-Stands sei er zudem auf diversen Dating-Plattformen aktiv. Bisherige Partnerschaften hätten maximal einige Monate bestanden und seien entweder aufgrund der abnehmenden Sexualität oder der Untreue von Herrn H. gescheitert. In der Regel habe er sich getrennt, die Beziehungen seien ihm langweilig geworden. Dennoch nehme er das Fehlen einer überdauernden intimen Beziehung – neben den

Scham- und Schuldgefühlen aufgrund des Pornografiekonsums – als stark belastend wahr. Er könne sich nicht erklären, warum es ihm nicht gelinge, eine Partnerin zu finden. Gelegentlich erlebe er sexuelle Funktionsstörungen, bspw., wenn die Sexualpartnerin nicht seinen optischen Vorstellungen entspreche oder sie sich nicht entsprechend seiner Erwartungen beim Sex verhalte. Ein gelegentlicher Konsum von Kokain wird auf Nachfrage bejaht.

Die Ausführungen von Herrn H. verdeutlichen eine Einengung der Lebensführung zugunsten von Sexualität, insb. in Form von Masturbation und Pornografiekonsum, aber auch durch Inanspruchnahme sexueller Dienstleistungen (Prostituierte, Strip-Clubs). Die gedankliche Beschäftigung mit sexuellen Reizen kommt des Weiteren in einer zuweilen vulgären Wortwahl nd einer detaillierten, fast grafischen Beschreibung sexueller Handlungen zum Ausdruck. Als negative Konsequenzen beschreibt der Patient vorzugsweise den Kontrollverlust, die negative post-orgastische Befindlichkeit, aber auch die überdauernden Schwierigkeiten im Rahmen von Partnerschaften.

3.6 Verhaltensspezifika und Besonderheiten bei Frauen

Die zuvor beschriebenen Verhaltensweisen können prinzipiell sowohl bei Männern als auch bei Frauen mit einer CSBD beobachtet werden. Allerdings ist über das sexuelle Verhalten von Frauen mit CSBD noch wenig bekannt. Viele Annahmen über Frauen werden aus Studien mit Männern generalisiert (Kowalewska et al. 2020). Es gibt Hinweise darauf, dass Frauen weniger starke Symptome aufweisen als Männer, weniger Pornografie nutzen und auch weniger Dranghaftigkeit in Bezug auf Pornografiekonsum erleben (Kowalewska et al. 2020). Gleichzeitig gibt es aber Hinweise aus einer schwedischen

Studie, nach denen Frauen eine stärkere Belastung berichten und häufiger riskante Sexualkontakte eingehen als Männer (Öberg et al. 2017). Im Kontrast hierzu konnte in einer Netzwerkanalyse gezeigt werden, dass sich das sexuelle Verhalten zwischen Männern und Frauen weniger stark unterscheidet als bisher angenommen (Werner et al. 2018). Laut dieser Untersuchung nutzten Frauen und Männer häufig Pornografie und sexuelle Treffen, um ihr zwanghaftes Sexualverhalten auszuleben.

Verschiedene Korrelate von Sexualität werden von Männern und Frauen unterschiedlich erlebt, was mutmaßlich einen Effekt auf die Ausprägung der CSBD haben kann. So konnten Rettenberger et al. (2016) zeigen, dass zwanghaft sexuelle Frauen insgesamt geringere Werte in Erregbarkeit und höhere Werte auf inhibitorischen Skalen aufwiesen als Männer mit CSBD (Rettenberger et al. 2016). Da sich ein solcher Geschlechtereffekt unabhängig von dieser sexuellen Symptomatik finden lässt (Carpenter et al. 2008), ist es plausibel, dass dies auch auf Frauen mit CSBD zutrifft.

Frauen mit CSBD fühlen sich durch physische Konsequenzen ihres Verhaltens bedrohter (z. B. Opfer eines gewalttätigen Übergriffs oder ungewollt schwanger zu werden, Öberg et al. 2017), was inhibitorische Faktoren verstärkt. Auch gibt es Hinweise auf häufigeres Auftreten von sexuell übertragbaren Erkrankungen (Yoon et al. 2016).

Bei Untersuchungen von Zusammenhängen zwischen CSBD mit anderen psychischen Erkrankungen zeigt sich, dass CSBD bei Frauen wie Männern positiv korreliert mit Impulsivität, Sensation Seeking, ADHS-Symptomen, Zwängen, Kaufsucht, sexuellen Funktionsstörungen, Substanzabhängigkeit, Borderline-Persönlichkeitsstörung, genereller Psychopathologie, erlebtem sexuellen Kindesmissbrauch und Traumata. Darüber hinaus besteht ein Zusammenhang mit Religiosität und damit einhergehender Sexualfeindlichkeit (für einen Überblick siehe Kowalewska et al. 2020). Außerdem gibt es bei Frauen Korrelationen mit Neurotizismus, Stressempfindlichkeit und »Vertrauensproblemen«, während bei Männern andere Einflussfaktoren (z. B. ADHS, Zwänge und Depressionen) eine größere Rolle zu spielen scheinen (Carvalho et al. 2015; Levi et al. 2020; Öberg et al. 2017; Shimoni et al. 2018).

Auch paraphile Interessen im Zusammenhang mit CSBD scheinen sich, je nach Geschlecht, zu unterscheiden. So finden sich bei Männern häufiger Exhibitionismus, Sadismus, Voyeurismus und Frotteurismus, bei Frauen hingegen häufiger Masochismus und Fetischismus (Castellini et al. 2018). Auch in dieser Stichprobe waren sexuelle Dysfunktionen und generelle Psychopathologie bei beiden Geschlechtern mit hypersexuellem Verhalten assoziiert.

Frauen suchen möglicherweise aus Scham seltener eine Behandlung aufgrund ihres zwanghaften Sexualverhaltens auf als Männer, weil Frauen aufgrund der gesellschaftlich konträren Erwartungen noch stärker von aversiven Gefühlen wie Scham betroffen sind (Dhuffar und Griffiths 2016). Auf die Bedeutung gesellschaftlicher Normen, Erwartungen und Mythen hinsichtlich weiblicher Sexualität und zwanghafter Sexualität bei Frauen weisen auch andere Autor:innen hin. So würden Frauen, die sich an Psychotherapeut:innen wenden, seltener den Verdacht äußern, sexuell süchtig zu sein, als Männer; vielmehr würden andere psychische Störungen (z.B. Essstörungen, depressive Erkrankungen, Suchtstörungen) in den Vordergrund gestellt oder von einer »Beziehungssucht« gesprochen (Ferree 2001).

Da sexuelles Verhalten von Frauen und Männern in unserer Gesellschaft unterschiedlich bewertet wird, sind auch Psychotherapeut:innen nicht frei von diesen Vorurteilen. In einer Studie wurde mit Hilfe von Fallvignetten mit einer CSBD-Symptomatik untersucht, inwieweit Psychotherapeut:innen sexuelles Verhalten in Abhängigkeit davon bewerteten, ob es von einer Frau oder einem Mann präsentiert wurde (Klein et al. 2019). Hier neigten Psychotherapeut:innen dazu, Männer stärker für ihr Verhalten zu stigmatisieren als Frauen. Auch wurden heterosexuelle Männer mit zwanghafter sexueller Verhaltensstörung als gefährlicher eingestuft alsheterosexuelle Frauen. Zwar ist es prinzipiell begrüßenswert, dass Frauen mit zwanghafter sexueller Verhaltensstörung weniger stigmatisiert werden, allerdings birgt dies auch die Gefahr, dass sie mit ihrer

Symptomatik nicht in gleichem Maße ernstgenommen werden wie Männer, die ein vergleichbares Verhalten berichten. Nicht zuletzt könnten Therapeut:innen versucht sein, den Leidensdruck der Frauen nicht ernst zu nehmen, da sie besonders offen gegenüber selbstbestimmter weiblicher Sexualität sein wollen.

Daher scheint es sinnvoll, in der Analyse der Entstehungsbedingungen spezifisch weibliche Aspekte mit zu berücksichtigen. Diese können die weibliche Sozialisation, weibliche Rollenerwartungen und Identitätsentwicklung, aber auch Erfahrung der Sexualisierung sein. Das Selbstbild, unter Einbezug des Körpers und der wahrgenommenen Attraktivität, sollte exploriert und die Entwicklung der Rolle als Frau, Partnerin ggf. auch Mutter beachtet werden. Frauen berichten häufig nicht von sich aus über erlebte Gewalt und Demütigungserfahrungen, so dass sensible Nachfragen zu stellen sind. Wegen der Hinweise auf Zusammenhänge von Traumatisierung und CSBD sollten solche Erfahrungen stets erfragt werden. Die Tatsache, dass Traumatisierung in der Kindheit das erneute Erleben von Traumata begünstigen kann (Frugaard Stroem et al. 2019), unterstreicht die Priorisierung der Arbeit an selbstgefährdenden und -schädigenden Verhaltensweisen. Auch selbstwert- und selbstwirksamkeitsstärkende Interventionen (z.B. soziales Kompetenztraining) können hier Anwendung finden. Beim Anbieten von Gruppentherapie kann die Möglichkeit einer reinen Frauengruppe erwogen werden.

Im Folgenden soll ein kurzes Fallbeispiel mit therapeutischen Überlegungen skizziert werden.

Fallbeispiel 4: Frau Z.
Frau Z. ist Grafikdesignerin, Anfang 30 und vorwiegend an Männern interessiert. Sie berichtet von emotionaler Misshandlung und Vernachlässigung in der Kindheit. Es gibt keine Hinweise auf aktuelle Depressivität und sie erfüllt nicht die Kriterien für eine Borderline-Persönlichkeitsstörung.

»Sexualität nimmt in meinem Leben viel Zeit und Raum ein. Ich denke häufig an Sex, auch in Situationen, die eigentlich gar nichts mit Sexualität zu tun haben. Auch bei Treffen mit Männern, die nicht sexueller Natur sind, bereite ich mich innerlich darauf vor, bei diesem Treffen Sex haben zu können. Ich organisiere alles in meinem Leben so, dass ich Sex haben kann. Wenn ich mit einem Arbeitskollegen etwas besprechen muss, gehe ich vorher sexuelle Szenarien in meinem Kopf durch, auch wenn ich ihn gar nicht attraktiv finde. Das kann ich gar nicht kontrollieren.

Es fällt mir außerdem schwer, die Avancen anderer Personen zurückzuweisen. Zum Beispiel auch, wenn sie ohne Verhütung Sex haben wollen. Hierdurch habe ich schon oft keinen Safer-Sex praktiziert, obwohl ich mir dies fest vorgenommen hatte. Außerdem mache ich manchmal sexuelle Dinge, die mein Partner möchte und gehe dabei über meine eigenen Grenzen. Dann werde ich wütend auf mich und mache mir selbst Vorwürfe. Ich habe mich mit mir fremden Männern an abgelegenen Orten getroffen, auch mit Personen, bei denen ich vermutet habe, dass sie kriminell sind. Ich habe bisher wohl viel Glück gehabt.

Mein Problem ist nicht, dass ich keinen Spaß an der Sexualität habe. Es ist vielmehr so, dass ich, wenn ich Sex haben will, diesen unbedingt haben möchte. Ich vernachlässige manchmal alltägliche Aufgaben, wie beispielsweise den Abwasch oder einkaufen gehen, um stattdessen zu masturbieren. Alles andere fällt dann hinten über. Manchmal komme ich zu spät zur Arbeit oder drohe, Deadlines zu verpassen. Dies verursacht mir starken Leidensdruck, vor allem wenn ich dafür andere Aktivitäten und meine Freundschaften vernachlässige.«

Frau Z. schildert anschaulich, wie der Wunsch nach Sexualität in ihrem Leben viel Raum einnimmt und ihr Leben mehr oder weniger bestimmt. Sexuelle Gedanken tauchen vermehrt in nicht sexuellen Situationen auf und hindern sie häufig daran, sich auf ihre Tagesaktivitäten zu konzentrieren. Besonders wichtig ist, dass die Patientin diese Fantasien und ihr Verhalten nicht kontrollieren zu können glaubt, die Vernachlässigung anderer Lebensbereiche und der daraus entstehende Leidensdruck, um die Diagnose der zwanghaften sexuellen Verhaltensstörung zu rechtfertigen.

Bei diesem Fall war es im Rahmen des therapeutischen Vorgehens zunächst wichtig, sich auf die schädlichsten und gefährlichsten Verhaltensweisen zu konzentrieren. Frau Z. sollte dazu ermutigt werden, auf Safer-Sex-Praktiken (z.B. die Verwendung von Kondomen) zu bestehen und geeignete Methoden der Empfängnisverhütung (soweit gewünscht) zu verwenden. Auch Praktiken, die die eigene Sicherheit betreffen, sollten verwendet werden (z.B. Information an Freunde über den eigenen Aufenthaltsort bei einem sexuellen Treffen mit einem fremden Mann). Für Frau Z. erstellten wir zunächst ein Ranking der problematischen Verhaltensweisen hinsichtlich ihrer möglichen Konsequenzen. Frau Z. zeigte sich motiviert, zunächst die Verhaltensweisen einzustellen, mit denen sie sich selbst in Gefahr brachte, und besser auf ihre Sicherheit zu achten. Wir erarbeiteten eine klare Vorstellung davon, wie Frau Z. sich selbst eine gesunde Sexualität vorstellte. Hierbei fokussierten wir insbesondere auf die Unterscheidung zwischen Praktiken, die sie als angenehm und erregend erlebte, und individuellen Abneigungen und »Tabus«. Frau Z. wurde in der Kommunikation ihrer Bedürfnisse unterstützt und im Rahmen von kognitiver Umstrukturierung wurden dysfunktionale Grundüberzeugungen (z.B. »Ich bin sexuell abhängig.«) bearbeitet. Wichtige therapeutische Voraussetzungen waren Offenheit und die Gestaltung einer bewertungsfreien Umgebung, die es Frau Z. ermöglichte, auch schambelastete Themen anzusprechen. Mit fortschreitenden Sitzungen konnte Frau Z. ihr Verhalten besser steuern und es rückten Themen wie Beziehungsgestaltung und Erleben von Intimität in den Vordergrund. Zudem konnten Themen wie ihre (weibliche) Sozialisation und damit einhergehende Rollenerwartungen (»Ich muss von Männern attraktiv empfunden werden.«) reflektiert und modifiziert werden. Frau Z. gelang es, ihre Beziehungen und ihre Sexualität für sich selbst befriedigender zu gestalten.

4 Neurobiologische Grundlagen

Lateefah Roth und Johannes Fuß

4.1 Sexualität und Neurobiologie

Sexualität und Neurobiologie sind eng miteinander verflochten. So werden sexuelle Funktionen, wie das Verlangen oder die sexuelle Reaktion, von mehreren Neurotransmittern, Neuromodulatoren und Hormonen beeinflusst, die mit zentralen und peripheren neuronalen Strukturen interagieren. Bei der sexuellen Sättigung spielen beispielsweise Neuropeptide, wie Prolaktin oder Oxytocin eine wichtige Rolle, indem sie beim Orgasmus freigesetzt werden (Kruger et al. 2003; Lee et al. 2010). Ebenfalls moduliert das serotonerge System Befriedigung, Sättigung sowie Entspannung. Dies geschieht beispielsweise durch erhöhte Serotoninfreisetzung während der Ejakulation (Pfaus 2009). Ein Zusammenspiel mit Endocannabinoiden (Fuss et al. 2017) und endogenen Opioiden scheint nach derzeitigem Wissensstand wahrscheinlich.

Die Regulation sexueller Fantasien, des Verlangens sowie der Reaktionsfähigkeit auf sexuelle Reize geschieht u. a. durch Beteiligung von Sexualhormonen (z. B. Testosteron, Dihydrotestosteron oder Estradiol), die auf sexuelle Reaktionen fördernd oder hemmend wirken können. Motivationale und hedonistische Aspekte der Sexualität werden über das dopaminerge System gesteuert. Dieses ist ebenso an der Erzeugung von sexuellem Vergnügen und Verlangen beteiligt. Das dopaminerge System lässt sich grob einteilen, in einen mesolimbischen und nigrostriatalen Anteil sowie den Hypothalamus. Die mesolimbischen Areale sind Teil des Belohnungssystems. Zusammen mit den nigrostriatalen Arealen reguliert das mesolimbische System die Motivation und die selektive Aufmerksamkeit gegenüber sexuellen Reizen. Im Zusammenspiel mit dem noradrenergen System regulieren die mesolimbischen und nigrostriatalen Areale auch die allgemeine psychophysiologische Erregung.

Sexuelles Verlangen kann durch verschiedene Reize ausgelöst werden: visuelle, akustische, olfaktorische oder somatosensorische. Die bis heute am häufigsten erforschten Stimuli sind visuelle sexuelle Stimuli (VSS), also Bilder oder Videoausschnitte mit pornografischem oder erotischem Inhalt. In wissenschaftlichen Studien werden VSS häufig eingesetzt, um sexuelles Verlangen und Erregung im Gehirn mit Hilfe der funktionellen Magnetresonanztomografie (fMRT) zu erforschen. Bisherige Ergebnisse zeigen, dass eine erhöhte subkortikale Aktivität, insbesondere im ventralen Striatum und im Hypothalamus, und eine damit verbundene verringerte orbitofrontale Kortex-Aktivität Kennzeichen sexueller Erregung im Zusammenhang mit euphorischen oder lustvollen Gefühlen sind. Des Weiteren wird fMRT bei der Erforschung neurobiologischer Grundlagen sexueller Störungen eingesetzt. Dies geschieht zum Beispiel, indem die Gehirnfunktion beim Betrachten und Reagieren auf VSS untersucht und mit gesunden Kontrollen verglichen wird.

4.2 Funktionelle Hirnaktivität und CSBD

Die Verarbeitung von VSS bei Personen mit CSBD wurde in Studien zur sog. Cue-Reaktivität untersucht. Dieses Konzept stammt aus der Suchtforschung. Cues sind konditionierte Reize, die wiederholt mit dem Konsumieren einer Substanz in Verbindung gebracht werden. Bei einer Person mit Alkoholabhängigkeit kann dies z.B. das Ambiente einer Bar sein. Bei der Entwicklung und Aufrechterhaltung einer Sucht lösen Cues das Verlangen (englisch: Craving) aus, was im Rahmen der Incentive-Sensitization Theory (Robinson und Berridge

1993) mit dem Wollen (englisch: Wanting) verknüpft ist, welches mit der dopaminergen Aktivität im Belohnungssystem des Gehirns korreliert. Dem gegenüber steht das Mögen (englisch: Liking), was den hedonistischen Aspekt des Lustempfindens widerspiegelt und nicht mit dieser dopaminergen Aktivität verbunden ist. Wiederholter Konsum süchtig machender Substanzen beeinflusst – gemäß der Incentive-Sensitization Theory – die Aktivität des Belohnungssystems, indem es Gehirnzellen und Schaltkreise verändert, welche die Zuschreibung von motivationalen Anreizwerten (Incentive Salience) zu Reizen regulieren. Dadurch können Hirnschaltkreise sensibilisiert werden und zu einer Überempfindlichkeit bis hin zur pathologischen Aufmerksamkeitsverzerrung und Motivation führen. Suchtkranke Personen zeigen – im Gegensatz zu gesunden Personen – in fMRT-Studien eine verstärkte Reaktion des Belohnungssystems (= Wanting) auf einen suchtbezogenen Cue, während die Reaktionen auf die Belohnung selbst, also das Liking, unverändert bleiben oder mit der Zeit abgeschwächt werden (Berridge und Robinson 2016; Robinson und Berridge 1993).

Derartige fMRT-Studien zeigen auch bei Menschen mit CSBD eine stärkere Aktivität im Belohnungssystem des Gehirns beim Betrachten von VSS (für eine Übersicht siehe Gola und Draps 2018; Kowalewska et al. 2018). Zu diesen gemessenen Reaktionen gehört eine erhöhte ventrale striatale Reaktivität für bevorzugte VSS (im Vergleich zu nicht bevorzugten), die auch positiv mit selbstberichteten Symptomen eines problematischen Pornografiekonsums korreliert (Brand et al. 2016). Eine erhöhte striatale Reaktivität (im Vergleich zu gesunden Kontrollen) konnte auch für sexuell explizite Videos (Voon et al. 2014) und für Cues, die VSS vorhersagen (im Gegensatz zu tatsächlichen VSS), gezeigt werden (Gola et al. 2017). Diese Befunde könnten so interpretiert werden, dass Menschen mit CSBD ein erhöhtes »Wanting«, aber kein »Liking« als Reaktion auf VSS zeigen. Die Befundlage ist jedoch nicht einheitlich. So fanden beispielsweise Kühn und Gallinat (2014) eine negative Korrelation zwischen den neuronalen Reaktionen auf VSS im Striatum und der Anzahl der Stunden, die mit dem Ansehen von Pornografie verbracht wurden.

Dieser Befund stammte allerdings aus einer nicht klinischen Stichprobe der Allgemeinbevölkerung. Darüber hinaus mehren sich die Zweifel, ob die obengenannte Interpretation der Befundlage zulässig ist. Aus evolutiver Sicht kann sexuellen Stimuli generell ein belohnender und verstärkender Charakter zugeschrieben werden (Stark et al. 2018). Daher ist es im Kontext von VSS unklar, ob diese als Cue im Sinne eines konditionierten Stimulus oder Reward (deutsch: Belohnung) im Sinne eines unkonditionierten Stimulus zu bewerten sind. Diese Konzeptionalisierung zieht jedoch entscheidende Konsequenzen für die Interpretation der bisherigen fMRT-Studien mit sich. Während bei der Annahme, dass VSS eine Rolle als Cue spielen, eine erhöhte ventrale striatale Reaktivität bei Personen mit CSBD für die Ähnlichkeit mit Suchterkrankungen sprechen würde, würde unter der Annahme, dass VSS eine Rolle als Reward spielen, das gegenteilige Ergebnis (verringerte ventrale striatale Reaktivität) die gleiche Hypothese untermauern. Daher wird es zukünftig notwendig sein, die Unterscheidung von »Wanting« und »Liking« in Bezug auf sexuelle Stimuli besser in Bildgebungsstudien abzugrenzen, um neurobiologische Ähnlichkeiten mit Suchterkrankungen besser verstehen zu können (Gola et al. 2016).

4.3 Verhaltens- und Persönlichkeitsmerkmale und CSBD

Zusätzlich zu den oben beschriebenen fMRT-Studien werden auch mehrere neuropsychologische Aspekte, wie Funktionen der Aufmerksamkeit, das Gedächtnis oder Unterschiede in Persönlichkeits-/Verhaltensmerkmalen bei Menschen mit CSBD untersucht. In Bezug auf Persönlichkeitsmerkmale wird oft eine höhere Impulsivität im Zusammenhang mit CSBD beschrieben (Banca et al. 2016; Mechelmans et al. 2014; Miner et al. 2009; Raymond et al. 2003; Reid et al. 2011,

2012, 2014; Rettenberger et al., 2016; Walton et al., 2017). Aber auch in anderen Persönlichkeitsdomänen finden sich vereinzelt Merkmale und sexualitätsbezogene Tendenzen, die bei CSBD als stärker ausgeprägt beschrieben wurden. Darunter fallen sexuelle Zwanghaftigkeit (Grov et al. 2010; Wetterneck et al. 2012), sexuelle Motivation (Klucken et al. 2016) und sexuelle Erregbarkeit (Rettenberger et al. 2016; Walton et al. 2017), sogenanntes »Novelty Seeking« (deutsch: Suche nach Neuem) (do Amaral et al. 2015) und Schwierigkeiten bei der Emotionsregulation (Cashwell et al. 2017; Garofalo et al. 2016; Reid et al. 2012). Diese Untersuchungen zeigen aber auch, dass verschiedene Persönlichkeitsmerkmale unterschiedlich stark mit verschiedenen Aspekten von CSBD in Verbindung stehen können. Beispielsweise weist eine Studie darauf hin, dass Impulsivität nicht maßgeblich zu problematischem Pornografiekonsum beiträgt, jedoch bei hypersexuellem Verhalten, wie das Betreiben von sexuellen Aktivitäten, die später bereut werden, eine Rolle spielt (Böthe et al. 2019). Ebenso wurde speziell bei Menschen mit CSBD, die vermehrt Masturbation als Vermeidungsstrategie nutzen, auch eine erhöhte Ängstlichkeit festgestellt (Sutton et al. 2015).

Aufgaben-basierte Verhaltensuntersuchungen zeigen, dass Menschen mit CSBD im Vergleich zu gesunden Kontrollpersonen frühzeitiger ungünstige Entscheidungen treffen und weniger kognitive Flexibilität nach dem Betrachten von VSS zeigen (Messina et al. 2017). Auch weisen Personen mit CSBD im Vergleich zu gesunden Kontrollen ein besseres Gedächtnis für VSS auf (Sinke et al. 2020) und eine höhere Aufmerksamkeitsverlagerung (englisch: Attentional Bias) auf VSS (Mechelmans et al. 2014). In sog. »Approach/Avoidance«-Studien (deutsch: Annäherung/Vermeidung) , einem in der Suchtforschung häufig genutzten Konzept, werden die Tendenzen von Personen gemessen, sich suchtbezogenen Reizen zu nähern oder diese zu vermeiden. Approach/Avoidance-Tendenzen stehen dabei im Zusammenhang mit Cue-Reaktivität und Craving. Hierbei ist die Annäherung gleichbedeutend mit dem »Wanting« und kann eine automatische Reaktion hervrorufen. Beispielsweise könnte die Annäherung an einen Cue, der mit Alkoholkonsum in Zusammenhang steht, zum Alkoholkonsum führen, während Vermeidung einen gegensätzlichen Prozess darstellt, bei dem der Drang zum Alkoholkonsum unterdrückt wird. Bei einem Klassifizierungsparadigma mit sexuellen oder nicht sexuellen Bildern, in dem es Ziel war, alle Klassifizierungsaufgaben in gleichem Maße zu bearbeiten, indem zwischen den Sets und den Klassifizierungsaufgaben in ausgeglichener Weise gewechselt wurde, arbeiteten Personen mit hohen Tendenzen zu exzessivem Cybersex-Konsum entweder bevorzugt am pornografischen (Annäherung) oder am neutralen (Vermeidung) Set. Im Gegensatz dazu arbeiteten Teilnehmer mit geringen Tendenzen zu problematischem Cybersex-Verhalten nicht bevorzugt an einem der beiden Bildsets, sondern zeigten eine ausgeglichene Bearbeitungsweise der Sets (Schiebener et al. 2015). Ebenso zeigt ein computergestützter Approach/Avoidance Versuch, dass bei Personen mit Tendenzen zu Cybersex-Sucht sowohl Tendenzen zur Annäherung als auch zur Vermeidung pornografischer Reize vorliegen (Snagowski et al. 2015). Dies deckt sich nicht eindeutig mit Approch/Avoidance-Ergebnissen aus der Suchtforschung, da diese meist klare Approach- oder Avoidance-Tendenzen zeigen (Loijen et al. 2020). Diese Befunde werden unter anderem als Hinweis auf eine Heterogenität in Bezug auf die Ausprägung der Verhaltensweisen im Zusammenhang mit CSBD gedeutet (Stark et al. 2018). Weitere zukünftige Studien sind nötig, um besser zu verstehen, mit welchen klinischen Symptomen diese Verhaltens- und Persönlichkeitsmerkmale bei CSBD zusammenhängen.

4.4 Hirnstruktur und CSBD

Mehrere Studien berichten über strukturelle Veränderungen des Gehirns bei Menschen mit CSBD. Der Fokus liegt dabei auf Untersuchungen zum Volumen der grauen Substanz, der funktionellen Konnektivität im Ruhezustand (Kühn und Gallinat 2014; Schmidt et al. 2017; Seok und Sohn 2018) sowie struktureller Konnektivität der weißen Substanz mit Hilfe von Diffusion Tensor Imaging (DTI) (Draps et al. 2020; Miner et al. 2009).

Einige Studien berichten über ein reduziertes Volumen der grauen Substanz, z. B. im linken superioren temporalen Gyrus, im rechten mittleren temporalen Gyrus (Seok und Sohn 2018) sowie im orbitofrontalen Kortex (Draps et al. 2020) im Vergleich zu gesunden Personen. Dies deckt sich mit Befunden bei Menschen mit Alkohol- und Glücksspielsucht und ist damit prinzipiell vereinbar mit der Hypothese über Ähnlichkeiten zwischen CSBD und Suchterkrankungen (Draps et al. 2021). Des Weiteren wurde eine negative Korrelation zwischen dem Volumen des rechten Caudatus und der Häufigkeit des Pornografiekonsums bei nicht klinischen Pornografiekonsumenten gefunden, d. h., je kleiner der rechte Caudatus, desto höher der Pornografiekonsum (Kühn und Gallinat 2014). In anderen Hirnregionen zeigt sich jedoch ein erhöhtes Volumen der grauen Substanz, z. B. in der linken Amygdala (Schmidt et al. 2017) und der rechten Kleinhirntonsille (Seok und Sohn 2018). Letzterer Befund kann auch bei Personen mit Zwangsstörungen gefunden werden (Seok und Sohn 2018).

Dazu passend sind die Ergebnisse der DTI-Studien. Personen mit CSBD weisen eine höhere mittlere Diffusivität in der superioren frontalen Region auf, was ebenfalls bei Zwangsstörungen gefunden wurde (Miner et al. 2009; Sassover und Weinstein 2020). Eine kürzlich durchgeführte DTI-Studie ergab darüber hinaus, dass Personen mit CSBD eine signifikante Reduktion der fraktionellen Anisotropie (ein Maß, um auf Veränderungen der Faserdichte, des axonalen Durchmessers und der Myelinstruktur in der weißen Substanz zu schließen) in der superioren Corona radiata, der Capsula interna, den Kleinhirntrakten und der weißen Substanz des Gyrus occipitalis zeigten. Ähnliche Befunde lassen sich sowohl bei Zwangs- als auch bei Suchterkrankungen finden (Draps et al. 2021).

4.5 Neuroendokrinologie

Obwohl derzeitige wissenschaftliche Erkenntnisse über die genaue Rolle biologischer Systeme in CSBD begrenzt sind, gibt es Hinweise für eine neuroendokrine Beteiligung an der Pathophysiologie von CSBD.

Die Hypothalamus-Hypophysen-Gonaden-Achse (HPG) spielt eine entscheidende Rolle für das Sexualverhalten. Die Beziehung zwischen Androgenen und Sexualverhalten scheint dabei bidirektional zu sein, da Testosteron nachweislich fast alle Komponenten des Sexualverhaltens moduliert (z.B. sexuelles Interesse, Gedanken, Motivation, Verlangen, Erregung, Spermatogenese, Erektion und Ejakulation), aber auch das Sexualverhalten den Testosteronspiegel verändert (Ciocca et al. 2016; Jordan et al. 2011). Männer mit CSBD zeigten keine Unterschiede in den Plasmakonzentrationen von Testosteron, follikelstimulierendem Hormon, Prolaktin und Sexualhormon-bindendes Hormon (SHBG) im Vergleich mit gesunden Probanden (Chatzittofis et al. 2020). Allerdings waren die Testosteronplasmaspiegel und entsprechende psychometrische Maße zur Erfassung von zwanghaftem Sexualverhalten (Sexual Compulsivity Scale und Hypersexual Disorder: Current Assessment Scale) bei CSBD-Patienten positiv korreliert. Höhere Testosteronspiegel standen demnach in Zusammenhang mit mehr zwanghaftem Sexualverhalten, sexuellen Grübeleien und sexuell aufdringlichen Gedanken (Chatzittofis et al. 2020, 2022). Männer mit CSBD zeigten außerdem einen erhöhten Plasmaspiegel des luteinisierenden Hormons, was auf eine subtile Dysregulation der HPG-Achse in CSBD hinweist (Chatzittofis et al. 2020).

Des Weiteren wurde bei Männern mit CSBD eine Dysfunktion der Hypothalamus-Hypophysen-Nebennieren-Achse (HPA-Achse) beobachtet, die durch den Dexamethason-Suppressionstest (DST) nachgewiesen wurde (Chatzittofis et al. 2016). Diese Dysregulation von neurobiologischen Systemen wie der HPA-Achse werden durch epigenetische Veränderungen wie die DNA-Methylierung reguliert und wurden auch mit CSBD in Verbindung gebracht (Jokinen et al. 2017).

Auch das oxytocinerge System scheint in der Pathophysiologie von CSBD eine Rolle zu spielen. Es wurde festgestellt, dass sowohl eine epigenetische als auch eine transkriptionelle Beteiligung von micro-RNA an CSBD vorliegt. Die identifizierte micro-RNA reguliert Gene, die am Oxytocin-Signalweg beteiligt sind und bereits mit CSBD in Verbindung gebracht wurden (Boström et al. 2020). Vorläufige Daten sollen außerdem sowohl auf einen höheren Oxytocin-Plasmaspiegel bei Männern mit CSBD im Vergleich zu gesunden Probanden als auch auf eine signifikante positive Korrelation des Oxytocin-Spiegels mit der Schwere der CSBD-Symptome hinweisen (Chatzittofis et al. 2022).

Merke: Ergebnisse aus der fMRT-Forschung zu CSBD geben Anhaltspunkte für einen Zusammenhang zwischen CSBD und Suchterkrankungen. Jedoch ist die Interpretation der aktuellen Daten aufgrund von Unstimmigkeiten in der Konzeptualisierung von Cue vs. Reward umstritten. Die festgestellten strukturellen Veränderungen in bestimmten Hirnregionen bei Personen mit CSBD zeigen sowohl Ähnlichkeit mit Sucht- als auch Zwangserkrankungen. Verhaltensuntersuchungen zeigen mögliche neuropsychologische Aspekte von CSBD, die jedoch die bisherige Konzeptualisierung von CSBD nicht wegweisend beeinflussten. Zusammen mit verschiedenen Persönlichkeitsmerkmalen weisen sie auf ein vielfältiges Erscheinungsbild von CSBD hin. Ergebnisse aus der neuroendokrinologischen Forschung zu CSBD können auf eine komplexe Dysregulation bei Menschen mit CSBD hindeuten. Es sind jedoch weitere Studien erforderlich, um die genaue Beteiligung der neuroendokrinen und hormonellen Systeme an CSBD zu klären.

Limitierungen der bisherigen Forschung zu neurobiologischen Grundlagen von CSBD liegen vor allem im Bereich der Studienpopulationen. So beziehen sich aktuelle Studien vorwiegend auf heterosexuelle Männer. Zukünftig wird es notwendig sein, in der neurobiologischen Forschung auch Frauen sowie ethnische und sexuelle Minderheiten stärker einzubeziehen. Ebenso fehlt bislang weitgehend die Erforschung neurobiologischer Korrelate verschiedener sexueller Aktivitäten (Pornografiekonsum, zwanghafte Masturbation, anonymer Gelegenheitssex) (Kowalewska et al. 2018).

5 Verhaltenswirkungen

Fanny de Tribolet-Hardy und Andreas Hill

CSBD beinhaltet überwiegend »normale«, d.h. nicht paraphile bzw. nicht deviante sexuelle Verhaltensweisen (World Health Organization 2019). Exzessive und übermäßige sexuelle Verhaltensweisen sind zwar ein zentrales Kriterium, sie reichen jedoch für sich genommen nicht für die Diagnosestellung aus. Eine allgemeingültige Differenzierung in normale und nicht normale sexuelle Aktivitäten und deren Frequenz im Rahmen der Betrachtung des Menschen als sexuelles Wesen ist zudem nicht möglich. Auch aus evolutionärer Perspektive ist eine hohe sexuelle Aktivität als vorteilhaft zu betrachten und erhöht die Wahrscheinlichkeit, dass die Spezies überlebt. Somit ist ein sexueller Trieb bzw. sexuelles Verlangen als natürlich und normal zu betrachten, auch wenn möglichweise soziale, kulturelle und/oder religiöse Normen dies kritisch bewerten. Gleiches gilt für den Fall, wenn der sexuelle Trieb auf die Nutzung moderner Medien-Technologien (bspw. Cybersex, Internetpornografie) fokussiert und damit keine – evolutionär bedeutsame – potenziell generative sexuelle Handlung mit einer anderen Person anstrebt (Grubbs et al. 2017).

5.1 Verhaltenswirkungen

Die Folgen von CSBD können vielfältig ausfallen und werden individuell unterschiedlich belastend wahrgenommen. So kann eine ausgeprägt konservative oder religiöse Sozialisierung mit entsprechenden strengen moralischen Haltungen zu Sexualität – wie Ablehnung von vorehelichem Geschlechtsverkehr oder autoerotischer Sexualität

– bereits bei sexueller Erregung, z. B. beim Betrachten von Internetpornografie, eine negative Befindlichkeit begründen. Andererseits gibt es auch Personen, die eine hohe sexuelle Aktivität ohne negative Konsequenzen oder Leidensdruck berichten. Insofern bedarf es einer exakten Anamnese der Belastungshintergründe, wobei nicht nur auf quantitative Aspekte der sexuellen Aktivitäten fokussiert werden sollte (Gola und Kraus 2021). Weiter kann die subjektive Bewertung von den gleichen Konsequenzen durch unterschiedliche Betroffene stark variieren. So können manche Betroffene erhebliche körperliche Konsequenzen (z. B. eine ungewollte Schwangerschaft) in Anbetracht der Interventionsmöglichkeiten (z. B. Schwangerschaftsabbruch) als kaum nennenswert beurteilen, während dagegen soziale Isolation oder finanzielle Schwierigkeiten als belastend erlebt werden. Die individuelle Bewertung von Konsequenzen ist bei der Erfassung der psychosozialen Folgen zu berücksichtigen, unterschiedliche Bereiche sind dabei umfassend zu explorieren (Reid 2015). Obwohl klinische Erfahrungen nahelegen, dass die psychosozialen Konsequenzen für Betroffene vielfältig ausfallen und die Motivation zur Aufnahme einer Behandlung maßgeblich mitbegründen, liegen dazu nur wenige empirische Informationen vor (Reid et al. 2012).

5.2 Psychische Folgen

Kurzfristige psychische Folgen von sexuellen Verhaltensweisen im Rahmen einer CSBD fallen wenig überraschend überwiegend positiv aus. So berichten in einer Studie 70 % der Betroffenen von sexueller Gratifikation und 83 % vom Abbau von Stress und Anspannung nach den sexuellen Aktivitäten (Raymond et al. 2003). Weitere positive psychische Wirkungen umfassen Ablenkung, Überbrückung von Langeweile und Bewältigung von anderen negativen Emotionen (im Sinne eines emotionalen Copings). Die kurzfristigen Wirkungen von CSBD fallen damit weitgehend analog zur Wirkung von sexuellen

Verhaltensweisen im Allgemeinen aus. Im Zeitverlauf ergeben sich jedoch deutliche Veränderungen. Vor allem mit Abnahme der Kontrollierbarkeit und Zunahme der Ritualisierung, der Intensität und des Zeitaufwandes berichten Betroffene von psychischer Belastung, die direkt oder indirekt mit den sexuellen Aktivitäten zusammenhängt. So folgen auf überwiegend positive post-orgastische Gefühle häufig – teilweise relativ unmittelbar – negative Emotionen. Als besonders belastend werden ausgeprägte Schamgefühle berichtet, zu deren Bewältigung oftmals vielfältige (dysfunktionale) Strategien angewendet werden, wie sozialer Rückzug, selbstschädigende (i. S. von Abwertung, Selbstkritik, Verstärkung negativer Einstellungen gegenüber Sexualität) oder fremdschädigende Verhaltensweisen (verbaler oder physischer Missbrauch, Wut), Substanzmissbrauch und nicht zuletzt erneute sexuelle Handlungen (Reid et al. 2009). Reid resümiert, dass selbstkritische Gefühle, wie insbesondere Scham, im Vergleich zu anderen negativen Gefühlen (wie bspw. Wut, Ärger) am stärksten mit hypersexuellem Verhalten zusammenhängen (Reid 2010). Andere Autoren widmeten sich der Wechselwirkung von Hypersexualität und Scham- und Schuldgefühlen (Gilliland et al. 2011). Die Ergebnisse legen nahe, dass Schamgefühle hypersexuelles Verhalten triggern, während Schuldgefühle einen prädiktiven Wert für sowohl eine Veränderungsmotivation als auch eine tatsächliche Verhaltensänderung bei Betroffenen haben.

Betroffene berichten darüber hinaus häufig von Gefühlen des Kontrollverlusts. In der Studie mit 36 hypersexuellen Patient:innen berichteten diese häufig über Probleme bzgl. der Kontrolle ihrer sexuellen Fantasien (42 %), ihrer sexuellen Dranghaftigkeit (67 %) und ihrer sexuellen Aktivitäten (67 %) (Black et al. 1997). Weitere Studien zu psychischen Faktoren und CSB verweisen auf einen negativen Zusammenhang zwischen CSBD und Selbstmitgefühl sowie Achtsamkeit. Während in einer Studie Selbstmitgefühl als Moderator zwischen Schuldgefühlen, Rumination und hypersexuellem Verhalten beschrieben wurde, wird Achtsamkeit (»Mindfulness«) aufgrund positiver Effekte im Rahmen der Stressbewältigung und Affektregulation als potenziell relevante Behandlungsstrategie bei CSBD benannt. Dass die psychopathologische Belastung durch CSBD oft klinisch relevant ausfällt, legen die Daten von Reid et al. (2012) nahe, wonach 73 % der 127 untersuchten Betroffenen angaben, sich bereits mehrfach in ihrer psychischen Befindlichkeit eingeschränkt wahrgenommen zu haben. Dies bildet sich auch in den hohen Komorbiditätsraten mit anderen psychischen Erkrankungen ab (► Kap. 9).

5.3 Soziale Folgen

Naheliegende soziale Folgen von CSBD sind partnerschaftliche Schwierigkeiten. In der schon zitierten Untersuchung von Reid et al. (2012) berichteten 17 % der Stichprobe von mehreren und 28 % von ein bis zwei Trennungen aufgrund der sexuellen Verhaltensweisen und 72 % der Befragten gaben an, bereits mehrfach jemanden, den bzw. die sie liebten, emotional verletzt zu haben. Ausschlaggebend für solche Entwicklungen kann die ständige Beschäftigung mit sexuellen Inhalten (bes. Pornografie), emotionaler Rückzug und Isolation im Rahmen der psychopathologischen Belastung, aber auch das Eingehen von Affären, flüchtige sexuelle Kontakte oder der Besuch von Prostituierten darstellen. Andere empirische Ergebnisse legen nahe, dass Personen mit Hypersexualität größere Schwierigkeiten aufweisen, überhaupt romantische Beziehungen einzugehen. Bei einer Untersuchung der Bindungsstile von 52 sexsüchtigen Männern wiesen diese mit höherer Wahrscheinlichkeit unsichere Bildungsstile sowie erhöhte Werte bzgl. Angst und Vermeidung auf (Zapf et al. 2008).

Weitere negative soziale Folgen können im beruflichen Kontext auftreten. Knapp 16 % der Stichprobe von Reid et al. (2012) berichteten von ein bis zwei Kündigungen aufgrund von CSBD. Gründe dafür können die Vernachlässigung beruflicher Verpflichtungen zugunsten sexueller Aktivitäten sein, was z.B. in wiederholten Verspätungen, Krankmeldungen oder häufigeren Fehlern und Versäumnissen resultieren kann. Andere Betroffene berichteten von sexuellen Aktivitäten am Arbeitsplatz (Konsum von Pornografie, Cybersex, Masturbation, Affären). In manchen Fällen kann die CSBD-Symptomatik bis zu 35 oder 45 Stunden pro Woche einnehmen, wobei sich das Verhalten (insb. Internetpornografiekonsum) dann oft auch außerhalb der eigenen Privatsphäre manifestiert (Cooper et al. 2000).

Häufig werden zudem erhebliche finanzielle Schwierigkeiten berichtet – als Konsequenz des Arbeitsplatzverlusts oder aufgrund hoher Ausgaben für kostenpflichtigen Cybersex (Pornografie, Webcam-Sex), Sex-Telefondienste oder des Besuchs von Bordellen oder Strip-Lokalen. In der Studie von Reid et al. (2012) berichteten rund 30 % der Betroffenen von wiederholten finanziellen Schwierigkeiten aufgrund der sexuellen Verhaltensweisen. Soziale Folgen einer CSBD im Rahmen von sexuellen Übergriffen und anderem strafrechtlich relevantem Verhalten werden im ▶ Kap. 6 genauer erläutert.

5.4 Körperliche Folgen

Körperliche Folgen von CSBD werden vor allem mit riskantem Sexualverhalten in Verbindung gebracht, worunter v. a. der ungeschützte Geschlechtsverkehr (sowohl in heterosexuellen als auch nicht heterosexuellen Kontakten) mit wechselnden oder mehreren Partner:innen meint. Körperliche Folgen davon umfassen unerwünschte Schwangerschaften, sexuell übertragbare Krankheiten (wie Chlamydien, Herpes genitalis, Gonorrhoe, Syphilis, Trichomoniasis, Genitalwarzen/HPV-Infektionen, Hepatitis B und HIV), Verletzungen und Überreizungen aufgrund der sexuellen Aktivitäten (z. B. anal, vaginal, an Klitoris oder Penis) oder die Verwendung von erregungssteigernden psychotropen Substanzen (wie Alkohol, Kokain, Cannabis, Amphetamine, Nitrit-Verbindungen/»Poppers«) (Balon 2021). In der o. g. Studie von Reid et al. (2012) gaben 22 % der Befragten an, sich ein oder zweimal mit einer sexuell übertragbaren Krankheit infiziert zu haben.

Obwohl der Zusammenhang zwischen sexuellem Risikoverhalten und einer Infektion mit sexuell übertragbaren Krankheiten naheliegend ist, liegen wenig empirische Befunde für Personen mit CSBD vor. Die meisten Studien konzentrieren sich auf die Zusammenhänge zwischen Hypersexualität, riskantem Sexualverhalten und Infektionsraten mit HIV, wobei primär Populationen von Männern, die Sex mit Männern haben, untersucht wurden (Derbyshire und Grant 2015). Eine Studie mit 699 homo- oder bisexuellen Männern legt nahe, dass diejenigen mit riskantem Sexualverhalten eine 2,25-fach erhöhte Wahrscheinlichkeit für eine CSBD aufwiesen und CSBD wiederum positiv mit HIV-Infektionen assoziiert war (Parsons et al. 2012). Untersuchungen an Personen mit einer HIV-Infektion verweisen darauf, dass diejenigen mit ausgeprägter CSBD häufiger ungeschützten Geschlechtsverkehr praktizieren, eine höhere Anzahl Sexualpartner aufweisen und häufiger Kokain in Zusammenhang mit sexuellen Praktiken konsumieren (Benotsch et al. 1999; de Tubino Scanavino et al. 2013; Semple et al. 2006; Woolf-King et al. 2013). Weiter weist diese Subgruppe höhere Werte für Enthemmung (»Disinhibition«) und tiefere Werte betreffend Selbstwert auf. Mehrere Studien legen zudem nahe, dass die Verwendung von psychotropen Substanzen (insb. Kokain, »Poppers«, Methamphetamin), aber auch das Vorliegen einer erektilen Dysfunktion den Zusammenhang von CSBD und sexuellem Risikoverhalten moderieren (de Tubino Scanavino et al. 2013; Woolf-King et al. 2013).

Weiter begrenzt sich das Risikoverhalten von Personen mit CSBD oftmals nicht auf Sexualität. Eine Studie aus Schweden berichtet, dass hypersexuelle Männer und Frauen häufiger als nicht hypersexuelle Personen auch andere riskante bzw. schädliche Verhaltensweisen berichten, wie Rauchen, ausgeprägten Alkoholkonsum, Konsum illegaler Drogen oder Glücksspiel (Långström und Hanson 2006). Entsprechend wird riskantes Sexualverhalten in Zusammenhang mit dem Persönlichkeitsmerkmal »Sensation Seeking« diskutiert (zur Konzeptionalisierung dieses Begriffs ▶ Kap. 3). »Sensation Seeking«

im Kontext sexueller Verhaltensweisen – Sexual Sensation seeking – meint das Eingehen von Risiken, um die Sexualität zu verbessern bzw. zu intensivieren (Burri 2017). Dazu gehören ein Interesse an vielfältigen sexuellen Praktiken, eine hohe Frequenz von ungeschütztem Geschlechtsverkehr sowie eine erhöhte Anzahl von Sexualpartner:innen. Inwiefern Sexual Sensation Seeking aber Hypersexualität oder CSBD (mit-)beeinflusst und welche Rolle die Einnahme von Stimulanzien spielen, ist gegenwärtig noch unklar (Balon 2021).

Fallbeispiel 5: Herr F.
Der 27-jährige Herr F. ersucht psychotherapeutische Unterstützung aufgrund von überdauernden Beziehungsproblemen sowie einem problematischen Sexualverhalten. Er lebe allein, sei nach längerer Phase der Arbeitslosigkeit seit kurzem wieder im Außendienst tätig und verfüge über ein stabiles soziales und familiäres Umfeld. Herr F. habe sich seit dem Jugendalter immer wieder in Psychotherapie befunden. Diagnostisch sei neben einer rezidivierenden depressiven Störung auch eine Abhängigkeitserkrankung durch Alkohol diagnostiziert worden. Psychopharmaka nehme er nicht ein. In depressiven Phasen erinnere er sich zeitweise an intensiven Pornografiekonsum. Herr F. habe Sexualität schon immer als selbstwertstabilisierend wahrgenommen. Für ihn sei es wichtig, von anderen Personen sexuell begehrt zu werden.

Aktuell stehe für ihn die Beziehung mit seinem Partner im Vordergrund. Sie befänden sich seit fünf Jahren in einer Beziehung, lebten in getrennten Wohnungen und könnten keine gemeinsame Perspektive aufbauen. Weiter bestünden sexuelle Schwierigkeiten mit unterschiedlichen Vorlieben. So wolle Herrn F.s Partner nicht auf die masochistischen Vorlieben des Patienten eingehen. Diese Beziehung sei seine erste ernsthafte Beziehung. Davor habe er nur kurzzeitige und für ihn wenig bedeutende Beziehungen geführt. Im Jugendalter habe er sich zugunsten einer finanziellen Besserstellung während der Ausbildung für einige Jahre prostituiert.

5.4 Körperliche Folgen

Im Zuge der sich seit ca. einem Jahr verschlechternden Beziehung habe Herr F. begonnen, exzessiv Pornografie zu konsumieren, wobei dies phasenweise bereits davor aufgetreten sei. Er suche aktuell jeden Abend über mehrere Stunden auf gängigen Streaming-Portalen nach vorzugsweise sadomasochistischer Pornografie. Vor einigen Monaten habe er zusätzlich begonnen, über verschiedene Social-Media-Dienstleister Kontakte zu Männern aufzunehmen, wobei er diese für bestimmte Bilder oder Videos mit sexuellen Handlungen bezahle. Diese Chats führe er oft auch während der Arbeitszeit, jedoch ausschließlich auf dem privaten Mobiltelefon. Er erlebe diese Tätigkeit als Rausch-ähnlich. Finanzielle Schwierigkeiten hätten sich bisher jedoch nicht eingestellt. Im Rahmen der neuen Arbeitsstelle sei er häufig mit dem Auto unterwegs, wobei er trotz ausgeprägter Scham- und Schuldgefühle begonnen habe, Cruising-Events aufzusuchen, wo er mit fremden Männern sexuell verkehre. Dabei habe er zwei Mal ungeschützt Analsex gehabt. Seinen Partner habe er darüber bisher nicht informiert, er befinde sich aber aktuell in medizinischer Abklärung. Besonders brisant gestalte sich zudem die Situation am Arbeitsplatz: Herr F. habe begonnen, attraktive Kunden privat zu kontaktieren, und versucht, sich mit einer Person zu treffen. Diese Situation sei gemeldet worden, wobei die Konsequenzen noch unklar seien. Er befürchte, den Arbeitsplatz zu verlieren.

Im Fallbeispiel des Herrn F. lassen sich somit als zentrale negative Verhaltenswirkungen Beeinträchtigungen und drohende Sanktionen am Arbeitsplatz, Scham- und Schuldgefühle, Belastungen für die Partnerschaft und ein erhöhtes Risiko für eine sexuell übertragbare Erkrankung feststellen.

Vor dem Hintergrund, dass kaum Daten zum Zusammenhang von Hypersexualität bzw. CSBD und sexuellem Risikoverhalten bei heterosexuellen Personen und homosexuellen Frauen vorliegen, kann zu diesen Populationen keine fundierte Aussage getroffen werden. Dennoch lassen die erörterten empirischen Ergebnisse den Schluss zu, dass sexuell übertragbare Krankheiten im Rahmen von CSBD auch

5 Verhaltenswirkungen

für diese Populationen eine Rolle spielen können und diese Thematik bzw. das Risiko im Sinne präventiver Maßnahmen entsprechend offensiv in der Behandlung und Beratung adressiert werden sollte (Balon 2021).

6 Psychosoziale Aspekte

Fanny de Tribolet-Hardy, Andreas Hill und Elmar Habermeyer

6.1 Die Gefahr der Pathologisierung von normophiler Sexualität

In der Diskussion um die diagnostischen Kriterien einer hypersexuellen Störung, wie sie für das DSM-5 vorgeschlagen worden war (Kafka 2010), wurden vielfältige Bedenken hinsichtlich eines möglichen Missbrauchs einer solchen Diagnose geäußert (Reid und Kafka 2014; Walton et al. 2017). Diese Kritik kann auch für den Umgang mit der Diagnose einer CSBD relevant sein. Als wesentliches Problem wird angesehen, dass »Sexsucht« dazu gedient habe und im aktuellen Gewand einer hypersexuellen Störung oder CSBD noch immer dazu diene, ungewöhnliche oder in bestimmten gesellschaftlichen Gruppierungen unerwünschte sexuelle Handlungen wie auch sexuelle Ängste und Unsicherheiten von Betroffenen zu pathologisieren. Die Gefahr einer Pathologisierung – und damit auch Diskriminierung – bestehe insbesondere dann, wenn Betroffene Ängste betreffs einer Unkontrollierbarkeit sexueller Impulse äußern, wenngleich das Sexualverhalten ausschließlich von der Norm abweicht (z. B. hinsichtlich Praktik oder Häufigkeit) oder weniger konventionell ist.

Dies ist insofern relevant, als dass Sexualität individuell unterschiedlich, situations- und normabhängig sowie von persönlichen und kulturellen Werten geprägt ist, was eine übergreifende, allgemeingültige Differenzierung zwischen pathologischer und nicht pathologischer Sexualität erschwert. So können Personen mit konservativ-religiöser Herkunft das wiederholte Betrachten von Pornografie sowie Masturbation aufgrund ihrer Wertehaltung als psychisch belastend empfinden und als »süchtig« und »unkontrollierbar« einordnen. Der Einfluss von soziokulturellen Werten auf die Betrachtung von Sexualität bildet sich nicht zuletzt darin ab, dass Homosexualität bis 1980 im DSM-II der American Psychiatric Association (1968) und bis 1992 in der bis dahin gültigen, neunten Ausgabe der ICD der Welt-Gesundheits-Organisation (Degkwitz et al. 1980) als psychische Störung und damit als pathologisch definiert wurde. Eine vergleichbare problematische Pathologisierung könnte auch aus dem Konzept und der Diagnose einer CSBD resultieren. Deswegen wird bei der Operationalisierung der CSBD ausdrücklich darauf hingewiesen, dass ein Leidensdruck, der ausschließlich auf moralischen Beurteilungen und Missbilligungen über sexuelle Impulse, dranghafte Bedürfnisse (englisch: »Urges«) oder Verhaltensweisen gründet, nicht ausreicht, um das Kriterium relevanter Leidensdruck oder signifikante Beeinträchtigung psychosozialer Funktionsfähigkeit zu erfüllen (World Health Organization 2022, ▶ Kap. 1).

Der zweite Kritikpunkt zielt darauf ab, dass es bisher nicht bzw. nur ungenügend gelungen ist, übereinstimmende Schwellen- oder Cut-Off-Werte dafür zu finden, ab wann Sexualverhalten als exzessiv oder problematisch gelten kann und soll. So legen empirische Befunde zu Personen, die von einem Sexualverhalten analog zu dem von Personen mit CSBD berichten, nahe, dass oftmals kein Leidensdruck besteht (Walton et al. 2016). Es kann daher nicht davon ausgegangen werden, dass exzessives, einen bestimmten, insbesondere quantitativen Schwellenwert überscheitendes Sexualverhalten zwangsläufig mit Leidensdruck oder psychosozialen Problemen einhergehen muss.

Zudem würden laut Kritikern des CSBD-Konzepts Unterschiede zwischen den Geschlechtern unzureichend berücksichtigt. Forschungsergebnisse legen nahe, dass hypersexuelles Verhalten häufiger bei Männern festgestellt wird als bei Frauen (Briken 2020a). Zudem unterscheidet sich Ausdruck, Bewertung und Umgang mit der Störung zwischen den Geschlechtern (▶ Kap. 2 und ▶ Kap. 3).

6.2 CSBD und Hypersexualität in der forensischen Psychiatrie

Neben der Sorge um eine Pathologisierung von Sexualverhalten spielten bei der Ablehnung der Aufnahme der hypersexuellen Störung in das DSM-5 Bedenken hinsichtlich der Verwendung dieser Diagnose im forensischen Kontext eine wesentliche Rolle (Reid und Kafka 2014). Diese Überlegungen sind auch im Rahmen der Verwendung der CSBD in der ICD-11 relevant. Kritisiert wurde, dass die Diagnose einer psychischen Störung (wie CSBD) im Kontext strafrechtlich relevanter Verhaltensweisen dazu führen kann, dass die Schuldfähigkeit der betroffenen Person in Frage gestellt oder diese aufgrund der Diagnose besonderen Behandlungs- und Kontrollmaßnahmen unterworfen werden kann. Zwar können hypersexuelle Verhaltensweisen zu illegalen, strafrechtlich relevanten sexuellen Handlungen beitragen bzw. diese erleichtern. Solche Handlungen bedeuten jedoch im Umkehrschluss keinesfalls zwangsläufig, dass ihnen eine psychische Störung zugrunde liegt.

Für Zusammenhänge von exzessivem sexuellem Verhalten mit illegalen Handlungen gibt es empirische Befunde. In der Studie von Reid et al. (2012) berichteten 16,5 % der Befragten (n = 127), ein oder zweimal aufgrund hypersexueller Verhaltensweisen strafrechtliche Probleme gehabt zu haben. Nur knapp 1 % berichtete dagegen von wiederholten strafrechtlichen Schwierigkeiten. In einer aktuellen Studie wurden Männer mit zwanghaftem Sexualverhalten (n = 47) mit einer gesunden Kontrollgruppe (n = 38) verglichen, wobei für erstere höhere Werte für nicht konsensuelle penetrative Handlungen (17 % vs. 2.6 %) festgestellt wurden (Engel et al. 2021).

Dennoch ist festzuhalten, dass der Zusammenhang von CSBD oder einer hypersexuellen Störung nach Kafka (Kafka 2010) und der Begehung von Sexualstraftaten nur unzureichend empirisch belegt ist. Die meisten Untersuchungen orientierten sich nämlich nicht an den diagnostischen Kriterien bzw. Störungskategorien (Kafka 2010; World

Health Organization 2019), sondern fokussierten auf den Zusammenhang zwischen einzelnen Symptomen oder Symptomclustern und dem strafrechtlich relevanten Verhalten. Letzteres umfasste fremdschädigende und übergriffige sexuelle Handlungen, wie das Berühren anderer Personen ohne deren Erlaubnis, den Konsum von illegaler Pornografie (Missbrauchsabbildungen), das Ausnutzen von Machtpositionen für sexuelle Handlungen, den ungeschützten Geschlechtsverkehr bei bestehenden sexuell übertragbaren Krankheiten oder sexuelle Gewalt gegen Kinder.

Marshall et al. (2008) untersuchten beispielsweise 231 erwachsene Männer mit dem SAST, wobei Sexualstraftäter höhere Werte im Bereich sexsüchtigem Verhalten aufwiesen als die Kontrollgruppe. Signifikante Unterschiede zwischen den einzelnen Straftätergruppen (Vergewaltiger vs. Kindesmissbraucher) wurden jedoch nicht gefunden. Eine weitere Studie mit 8.718 Männern aus der Normalbevölkerung untersuchte sexuelle Dranghaftigkeit (»Sex Drive«), wobei sich kein Zusammenhang dieses Konstruktes mit einem sexuellen Missbrauch von Kindern abbildete (Klein et al. 2015). Dagegen fand sich ein Zusammenhang zwischen dem Konsum von »Kinderpornografie« (Missbrauchsabbildungen von Kindern) einerseits und sexueller Dranghaftigkeit, Fantasien in Bezug auf Kindern und antisozialem Verhalten (operationalisiert durch die Anzahl von Vorstrafen) andererseits. Dennoch resümierten die Autoren, dass primär antisoziale Züge und pädophile Interessen relevante Prädiktoren für sexuelle Hands-on-Delikte gegenüber Kindern darstellen. Im Gegensatz zu dieser einzelnen Studie mit einer Allgemeinbevölkerungsstichprobe konnte im Rahmen einer umfangreichen Meta-Analyse über Sexualstraftäter die übermäßige Beschäftigung mit Sexualität (»Sexual Preoccupation«), als ein Merkmal von CSBD bzw. einer hypersexuellen Störung, als bedeutsamer Risikofaktor für die Rückfälligkeit mit einem – erneuten – Sexualdelikt nachgewiesen werden (Hanson und Morton-Bourgon 2019).

Fallbeispiel 6: Herr Y.
Herr Y., 33 Jahre alt, wuchs in behüteten Verhältnissen auf. Mit ca. 16 Jahren begann er, sich für Sexualität zu interessieren, wobei er sich ab dem 17. Lebensjahr in Chats bewegte und den Austausch sexueller Inhalte als sexuell stimulierend erlebte. Herr Y. begann, während der Chats zu masturbieren. Parallel zu diesen Chats konsumierte er legale Erwachsenenpornografie über mehrere Stunden. Er verbrachte auch in den folgenden Jahren täglich mehrere Stunden damit und masturbierte teilweise mehrmals täglich. Ab dem Alter von 22 Jahren konsumierte er zunehmend extremere pornografische Inhalte, was sich nach dem Auszug in eine eigene Wohnung mit mehr Rückzugsmöglichkeiten und Anonymität verstärkte. Er habe immer extremere Inhalte gesucht. Gleichzeitig hätten wenig soziale Kontakte und keine Kontakte zu Frauen bestanden. Im Alter von 25 Jahren führte er eine erste und mehrjährige Beziehung mit einer gleichaltrigen Frau, wobei er die gemeinsame Sexualität als unbefriedigend und langweilig beschrieb. Etwa zeitgleich nahm Herr Y. im Internet pornografische Live-Streams in Anspruch, wobei er die jeweiligen Inhalte mitbestimmen konnte. Nachdem es sich zuerst ausschließlich um Erwachsenenpornografie gehandelt hatte, konsumierte er zunehmend auch gewalttätige und kinderpornografische Inhalte. Zuletzt bezahlte er monatlich hohe Summen für sexuelle Leistungen, welche er live mitverfolgen und dirigieren konnte.

6.3 CSBD und forensisch-psychiatrische Begutachtung

Vor dem Hintergrund, dass hypersexuelles oder zwanghaftes Sexualverhalten Sexualstraftaten begünstigen kann, stellt sich die Frage nach etwaigen Einschränkungen der Steuerungsfähigkeit. Hierzu ist grundsätzlich festzuhalten, dass CSBD gemäß ICD-11 den Impulskontrollstörungen zugeordnet wird (World Health Organization 2019). Impulsivität kann aus einer Beeinträchtigung der exekutiven Steuerungsfähigkeit resultieren, weshalb die Diagnose im Rahmen einer Beurteilung der Steuerungsfähigkeit und damit der Schuldfähigkeit, bei der zwischen Einsichts- und einer Steuerungsfähigkeit unterschieden wird, durchaus bedeutsam sein kann (Bründl und Fuß 2021). Einschränkungen der Einsichtsfähigkeit sind in diesem Kontext dagegen nicht zu erwarten (Briken 2020b).

Im ersten Schritt gilt es jedoch, den Schweregrad der Störung zu definieren bzw. festzustellen, ob – zum Tatzeitpunkt – eine sog. »schwere andere seelische Störung« als eines der Eingangsmerkmale für eine mögliche erhebliche Beeinträchtigung der Schuldfähigkeit (gemäß § 20, § 21 StGB) vorliegt. Dazu eignet sich der Kriterienkatalog für die Schuldfähigkeitsbeurteilung nach Boetticher et al. (2007), wonach zunächst die Intensität von CSBD, die Integration der Störung in die Persönlichkeit, die Progredienz der Störung und die bisherige Fähigkeit zur Kontrolle eingeschätzt werden müssen. Besonders relevant bei dieser Schweregradbeurteilung ist eine Progredienz der Symptomatik (z. B. Zunahme der zeitlichen Beschäftigung mit sexuellen Inhalten, Veränderung der präferierten sexuellen Inhalte i. S. von »extremerem Material«), da diese im psychodynamischen Sinn nahelegen kann, dass es der betroffenen Person nicht mehr gelingt, mittels der sexuellen Verhaltensweisen das innere Gleichgewicht zu stabilisieren (Schorsch 1988), weswegen es zur Wiederholung der sexuellen Handlungen kommt, i. S. eines »süchtigen Verfalls« nach Giese (1962). Diese Dynamik ist sowohl für die von Betroffenen oftmals beschriebene Abnahme der Befriedigung durch die sexuellen Handlungen als auch durch die Zunahme von sexuellen Aktivitäten relevant. Entsprechend sollten sexuelle Störungen, um einer sog. »schweren anderen seelischen Störung« zugeordnet werden zu können, Anzeichen dafür aufweisen, dass die sexuellen Verhaltensweisen ihre zunächst stabilisierende Funktion schrittweise verloren haben (Fuß 2020). Dies äußert sich vorzugsweise in einer über einen längeren Zeitraum nachvollziehbaren, deutlich herabgesetzten psychosozialen Leistungsfähigkeit.

Entspricht die sexuelle Störung vom Ausprägungsgrad einer »schweren anderen seelischen Störung« und besteht ein Zusammenhang mit dem vorgeworfenen Delikt, gilt es gemäß den Mindestanforderungen für Schuldfähigkeitsgutachten (Boetticher et al. 2007), die Kriterien zu beurteilen, die für oder gegen eine Minderung der Steuerungsfähigkeit sprechen.

Kriterien, die für und gegen eine Minderung der Steuerungsfähigkeit sprechen (nach Boetticher et al. 2007)
Für eine Minderung der Steuerungsfähigkeit können sprechen:

- Konflikthafte Zuspitzung und emotionale Labilisierung im Vorfeld der Tathandlung mit vorbestehender und länger anhaltender triebdynamischer Ausweglosigkeit
- Tatdurchführung auch in sozial stark kontrollierten Situationen
- Abrupter, impulshafter Tatablauf
- Archaisch-destruktiver Ablauf mit ritualisiert wirkendem Tatablauf und Hinweisen für die Ausblendung von Außenreizen
- Konstellative Faktoren (bspw. Substanzkonsum, Persönlichkeitsstörung, eingeschränkte Intelligenz)

Gegen eine Minderung der Steuerungsfähigkeit können sprechen:

- Hinweise auf Tatvorbereitungen und ein planmäßiges Vorgehen, wobei dabei ausdrücklich nicht eine Ausgestaltung in der (sexuellen) Fantasie gemeint ist
- Fähigkeit zu warten und/oder ein lang hingezogenes Tatgeschehen
- Komplexer Tatablauf in Etappen
- Vorsorge gegen Entdeckung
- Möglichkeit, in vergleichbaren Situationen anders zu handeln

Briken und Müller (2014) schlagen vor, ergänzend zu den Kriterien, die für eine Minderung der Steuerungsfähigkeit sprechen, das Merkmal »Dranghaftigkeit« (Unzureichende Fähigkeit, sexuelle Impulse zu kontrollieren/sexuelle Okkupation auch ohne Außenreize/Sexualität als Coping-Strategie/Auftreten in sozial stark kontrollierten Situationen) zu berücksichtigen. Ausschlaggebend für den Grad der verminderten Steuerungsfähigkeit ist demnach das Verhältnis zwischen sexueller Dranghaftigkeit und sexueller Inhibition, also die eingeschränkte Fähigkeit der betroffenen Person, entgegen ihren sexuellen Wünschen und Impulsen zu handeln bzw. diese zu kontrollieren. Diese Dynamik kann durch zwei Kriterien des Prognoseinstruments ACUTE-2007 »Emotionaler Zusammenbruch« (Anzeichen eines emotionalen Zusammenbruchs/Hilfsbedürftigkeit/subjektives Krankheitserleben) und »Zusammenbruch sozialer Unterstützung« weiter untermauert werden (Hanson et al. 2000).

Fallbeispiel 7: Herr Z.
Herr Z., 35 Jahre alt, wuchs in geordneten familiären Verhältnissen auf. Vernachlässigungs- oder Missbrauchserfahrungen wurden verneint. Sich selbst beschrieb er als zurückhaltendes, aber beliebtes Kind. Die Schulzeit in einer reinen Jungenschule begründete einen unsicheren Umgang mit Mädchen. Erste sexuelle Fantasien betreffs einer gleichaltrigen Bekannten seien mit ca. 12 Jahren aufgetreten. Den ersten Geschlechtsverkehr mit einer gleichaltrigen Kollegin im Alter von 16 Jahren erlebte Herr Z. positiv, ansonsten werden wenig Kontakte zu Frauen beschrieben. Der Pornografiekonsum mit legalen heterosexuellen Inhalten begann ebenfalls mit ca. 16 Jahren. Im frühen Erwachsenenalter nahm dieser Konsum erstmalig im Rahmen von Schwierigkeiten in der Ausbildung sowie damit einhergehenden depressiven Symptomen zu. Eine abermalige psychische Symptomatik erfolgte nach Verlust des Arbeitsplatzes Ende Zwanzig, wobei eine psychotherapeutische Begleitung wegen Somatisierungs- und Angstsymptomen erfolgte. Depressive Symptome verstärkten sich im weiteren Verlauf, was schließlich in einer klinisch manifesten

6.3 CSBD und forensisch-psychiatrische Begutachtung

depressiven Episode mündete. Herr Z. isolierte sich zunehmend und konsumierte über vier Jahre täglich für mehrere Stunden Pornografie im Internet. Im Rahmen des explorativen und exzessiven Internet- und Pornografiekonsums fand er auch zunehmend härtere Pornografie interessant und erregend. Er begann, mit minderjährigen Mädchen zu chatten und forderte diese im Rahmen der Chats zu sexuellen Handlungen auf. In Messengerdiensten tauschte er »kinderpornografisches« Material und suchte aktiv danach. Er masturbierte in diesem Zeitraum mehrfach täglich und empfand einen suchtartigen Drang nach Pornografiekonsum, der ihn nach initialer Befriedigung mit einem Leeregefühl zurückließ. Das strafrechtliche Verfahren erfolgte, nachdem Herr Z. nach käuflichem Videomaterial mit sexuellen Handlungen mit Kindern suchte und im Internet-Chat den sexuellen Missbrauch eines Kindes mitverfolgte, dessen einzelne Handlungen er live per Videochat anwies.

Zum Fallverständnis ist zu resümieren, dass sich bei Herrn Z. ab dem späten Jugendalter und im Rahmen von Lebenskrisen der exzessive Konsum von Pornografie und Masturbation zur dysfunktionalen Coping-Strategie im Umgang mit aversiven Gefühlen, depressiven und körperlichen Symptomen und sozialer Isolation entwickelte. Im Sinne einer spiralförmigen Entwicklung nahmen bei aversiven Gefühlszuständen (Minderwertigkeit, Versagenserleben, Einsamkeit) Pornografiekonsum und Masturbationsfrequenz zu. Sein Sexualverhalten kann daher zumindest phasenweise als CSBD bewertet werden, in deren Rahmen sexuelle Aktivitäten und die erlebten Orgasmen negative Affekte, wie Wertlosigkeit, Versagens- und Schamgefühle, kurzfristig verbesserten. Auf diesem Boden manifestierte sich ein bis dahin nicht hervorgetretenes Interesse an pädophilen Inhalten. Der Konsum wurde dadurch verstärkt, dass der Kontakt zu minderjährigen Mädchen und das Masturbieren zu illegalen Inhalten bei Herrn Z. ein besonderes Gefühl von Triebstärke und Belohnung hervorrief und sein Gefühl innerer Leere vorübergehend kompensierte. Die sexuelle Interaktion mit Minderjährigen rief außerdem Gefühle von Dominanz und Machterleben hervor, die seine depressionsbedingten Gefühle von Minderwertigkeit und Insuffizienz reduzierten. Im weiteren Verlauf sah sich Herr M. in einer Spirale von sexueller Dranghaftigkeit und Scham- und Schuldgefühlen gefangen, welche auch mit deutlichem Leidensdruck einhergingen.

Hinsichtlich der Steuerungsfähigkeit ist festzuhalten, dass eine depressive Erlebnisqualität rationale Hemmungs- bzw. Steuerungsmechanismen beeinträchtigen können. Sie unterminierten bei Herrn Z. vor dem Hintergrund zunehmend drängender sexueller Bedürfnisse und paraphiler Interessen sein inneres Wertegefüge und die Orientierung daran. Sein Rechtsempfinden und die handlungswirksame innere Verbindlichkeit diesem gegenüber waren durch die depressiv verzerrten Überzeugungen und seine Perspektiv- und Hoffnungslosigkeit brüchig geworden. Die inneren Freiheitsgrade bei der Entscheidung, seine progredient dranghaften, illegalen Wünsche auszuleben, wurden durch die depressiv verzerrte innere Überzeugung, in der Welt nicht bestehen zu können und für die Befriedigung sexueller Bedürfnisse in realen Kontakten zu wertlos und zu unattraktiv zu sein, eingeschränkt. Zudem erschwerten die körperlichen Symptome, Krankheitsängste und die soziale Isolation korrigierende Erfahrungen in der Außenwelt. Diese Dynamik stand über längere Zeit der Fähigkeit von Herrn Z. entgegen, dem eigenen unrechten Tun verhaltenswirksame rationale Hemmungsvorgänge entgegenzusetzen, weshalb von einer in forensisch relevanter Weise verminderten, aber nicht aufgehobenen Steuerungsfähigkeit auszugehen ist. Eine Beeinträchtigung der Einsichtsfähigkeit ist hier – wie im Allgemeinen bei einer CSBD oder einer paraphilen Störung – nicht erkennbar.

6.4 Risiko- und Prognosebeurteilung bei CSBD

Spezifische störungsbezogene Instrumente zur Risikobeurteilung liegen für Personen bzw. Straftäter:innen mit einer CSBD nicht vor.

6.4 Risiko- und Prognosebeurteilung bei CSBD

Wichtige Instrumente zur Erfassung des Rückfallrisikos bzgl. Sexualstraftaten sind der Stable-2007 (Eher und Haubner-MacLean 2014), der Static-99 (Eher und Haubner-MacLean 2014) und der SVR-20 (Müller-Isberner et al. 2000), für deren Anwendung es Schulungen bedarf. Diese Prognoseinstrumente berücksichtigen Aspekte des Konzepts von Hypersexualität bzw. CSBD. So beinhaltet der Stable-2007, ein strukturierter Ansatz zur Erfassung dynamischer Risikofaktoren erwachsener männlicher Sexualstraftäter, die Items »sexuelle Dranghaftigkeit/Überbeschäftigung« und »Sex als Coping-Strategie«, die in einer Studie von Etzler et al. (2020) als Faktor »Hypersexualität« zusammengefasst wurden. Dennoch ergab sich im Rahmen der Faktorenanalyse kein prädiktiver Wert für »Hypersexualität« zur Vorhersage von Rückfälligkeit mit Sexualstraftaten. Dagegen wiesen die anderen beiden Faktoren »Antisozialität« oder »sexuelle Devianz« einen Zusammenhang mit weiteren Sexualstraftaten auf. Daraus schlossen der:die Autor:innen, dass hypersexuelles Verhalten für sich genommen keine rückfallbegünstigende Wirkung habe, sondern erst im Zusammenspiel mit Antisozialität und/oder sexueller Devianz prognostisch relevant werde. Demgegenüber war in einer aktuellen Studie (Österreich, n = 418 erwachsene männliche Sexualstraftäter) nicht nur die Diagnose einer hypersexuellen Störung nach Kafka (2010) und der Summenwert der zugehörigen diagnostischen Kriterien ein Prädiktor für erneute Hands-on- oder Kontakt-Sexualdelikte (d. h. Delikte mit einem körperlichen Kontakt mit dem Opfer), sondern dieser (diagnostische) Summenwert verbesserte inkrementell die Vorhersage eines solchen Rückfalls durch ein etabliertes Prognoseinstrument (hier die Kombination von Static-99 und Stable-2007) (Gregório Hertz et al. 2022).

Diese Ausführungen verdeutlichen, dass eine Evaluierung mittels den gängigen Prognoseinstrumenten im Falle eines Sexualstraftäters mit einer CSBD durchaus sinnvoll ist, aber – wie auch sonst bei solchen forensischen Fragestellungen und Beurteilungen – in jedem Fall in ein individuelles Fallkonzept eingebettet sein sollte. Sexualdelinquenz ist in der Regel multifaktoriell bedingt, weswegen wechselseitige Beziehungen und Einflüsse zu berücksichtigen sind (Hörbur-

6 Psychosoziale Aspekte

ger und Habermeyer 2020). Viele Patienten mit strafrechtlichen Schwierigkeiten aufgrund von sexuellen Verhaltensweisen weisen vielfältige und vielschichtige Probleme in verschiedenen Lebensbereichen wie Arbeit, Beziehung/Partnerschaft, Finanzen oder psychischer Gesundheit auf, welche das Risiko für sexuelle Übergriffe mitmoderieren. Voreilige und monokausale Schlussfolgerungen sind daher zu vermeiden.

7 Ätiologie – ein integrativer, interdisziplinärer Ansatz

Friederike X. E. Höfer, Fanny de Tribolet-Hardy und Andreas Hill

Die reine medizinische Lehre von der Ätiologie würde Causa oder Contributio verlangen – wenn A eintritt, muss B folgen (ein Bienenstich führt zur lokalen Entzündung) oder immerhin ist das Folgen von B häufiger, wenn A eingetreten ist (Wenn man raucht, kriegt man eher Lungenkrebs, als wenn man nicht raucht.) (Phillips und Goodmann 2004, S. 4). Das Verständnis und die Konzeptualisierung von psychiatrischen Entitäten ist auch deswegen schwieriger, weil hier häufig allenfalls Korrelationen (»Correlatio«) zu beschreiben sind (»Es besteht ein Zusammenhang.«). Ebenso verhält es sich mit der CSBD oder früheren Konzepten wie hypersexuelle Störung oder Sexsucht (Sex Addiction) – ein Störungskonzept, das eine Reihe verschiedener qualitativer und quantitativer Verhaltens- und Erlebensweisen in Folge multifaktorieller Ursachen vereint.

Aus einer suchtpsychiatrischen Perspektive stehen CSBD und andere Verhaltenssüchte als Erweiterung der klassischen Suchtstörungen neben den stoffgebundenen Substanzabhängigkeiten (Kraus et al. 2016b) und bilden eine neue Einheit, obwohl bisher nur zwei Verhaltenssüchte (Glücksspiel- und Computerspielsucht) mit diagnostischen Kriterien in das Diagnostikmanual DSM-5 (American Psychiatric Association 2015) Eingang gefunden haben. Die erstmals operationalisiert beschriebene CSBD wurde in der ICD-11 – in Gesellschaft mit Kleptomanie, Pyromanie und der intermittierenden explosiven Störung – in die Gruppe der Impulskontrollstörungen aufgenommen (Grant et al. 2014; Walton et al. 2018; World Health Organization 2019), während die Glücksspiel-Störung (»Gambling Disorder«) und die Spielsucht (»Gaming Disorder«) den Verhaltenssüchten zugeordnet wurde. Mit dieser Einordnung der CSBD wird eine reduzierte Kontrollfähigkeit sexueller Bedürfnisse in den Erklärungsvordergrund gerückt (Fuß et al. 2019), was möglicherweise zu kurz greift. Dennoch begrüßen einige Sexualwissenschaftler die Einordnung von CSBD als Impulskontrollstörung, weil dies weniger den Konsumaspekt als den Wiederholungszwang und sexuelle Selbstkontrolle betone (Kowalweska et al. 2018; Stark et al. 2018). Damit wird die CSBD in die Nähe der Zwangsstörungen gerückt (Fuß et al. 2019). In der ICD-11 (World Health Organization 2019) werden als zentrale Kriterien der CSBD sexuelle Impulsivität und die mangelnde Fähigkeit zur Kontrolle sexueller Impulse beschrieben. Hier lässt sich eine implizite Bezugnahme auf das Modell der dualen Kontrolle (Bancroft 2004; Rettenberger 2016) erkennen (▶ Kap. 7.5).

7.1 Stoffgebundene und ungebundene Süchte: CSBD als Verhaltenssucht

Exzessives Verhalten mit und ohne den Konsum psychotroper Substanzen weist weit in die Menschheitsgeschichte und frühe psychiatrische Krankheitslehre zurück, dies auch mit sexueller Konnotation, bedenkt man die Herkunft und mythologische Konnotation der Begriffe »Nymphomanie« oder »Satyriasis« (▶ Kap. 1). Die menschliche Neurobiologie trägt entscheidend zu einer Suche nach rauschhaften und stimulierenden Verhaltensweisen bei: durch den Belohnungscharakter angenehmer Erlebnisse werden diese ohne kognitive Anstrengung automatisch wieder gesucht und wiederholt. Dagegen ist die Ausübung präfrontaler Verhaltenskontrolle und das Aufschieben kurzfristiger Belohnungen unter Berücksichtigung der langfristigen Folgen eine erlernte kognitive Leistung. Weil ein vergleichbarer neurobiologischer Einfluss auf das Belohnungssystem und spezifische Konditionierungsprozesse bestehe, forderte Isaac

7.1 Stoffgebundene und ungebundene Süchte: CSBD als Verhaltenssucht

Marks bereits 1990, Verhaltenssüchte neben substanzgebundenen Störungen als Abhängigkeitserkrankungen anzuerkennen (Marks 1990). Die Konzeptualisierung der Verhaltenssüchte stützte sich dennoch lange auf einen Suchtbegriff, der den Schwerpunkt auf den Konsum psychotroper Substanzen legte. Heute wird darunter auch Suchtverhalten verstanden, die auf einer Interaktion zwischen einer neurobiologisch wirksamen Substanz und einem Verhalten beruhen. Damit beschreibt »Sucht« die Wechselwirkung zwischen »Verhalten und Verhalten«, die Substanzwirkung ist nicht mehr zwingend in der Definition enthalten (Sussman et al. 2011). Vielmehr werden 1) die Ausübung eines Verhaltens, um positive Effekte zu erzielen, 2) die Aufrechterhaltung dieses Verhaltens, 3) eine vorübergehende Befriedigung, 4) der Kontrollverlust und 5) das Erleiden negativer Folgen als Kriterien für das Vorliegen einer Abhängigkeitserkrankung genannt.

Eine Perspektive auf die Ätiologie der CSBD ist also das Aufkommen der wissenschaftlichen Debatte um die Verhaltenssüchte. Einem breiten wissenschaftlichen Publikum wurde das Thema Verhaltenssucht von Constance Holden Anfang der 2000er Jahre mit ihrem Beitrag »Behavioral Addictions: Do they exist?« (Holden 2001) nähergebracht, indem sie Internet- und Computerspielabhängigkeit als »The [...] fastest growing addictions« bezeichnete. Die Sorge einer Inflationierung des Begriffs der Verhaltenssüchte war danach laut zu hören (Billieux et al. 2015), indem polemisch eine »Tango Argentino-Sucht« und andere Paradoxien heraufbeschworen wurden. Auch das Konzept der CSBD wurde scharf kritisiert (Walton et al. 2017). Dennoch ist die Zahl der Publikationen in den Datenbanken Medbase und PubMed zum Thema Verhaltenssüchte bzw. Hypersexualität/CSBD in den letzten Jahren exponentiell gestiegen. Die Deutsche Gesellschaft für Psychiatrie und Psychotherapie, Psychosomatik und Nervenheilkunde (DGPPN) veröffentlichte 2016 ein Positionspapier zu den Verhaltenssüchten (Verhaltenssüchte und ihre Folgen – Prävention, Diagnostik und Therapie). In diesem werden jedoch nur pathologisches Spielen sowie Internet- und Computerspielabhängigkeit als

7 Ätiologie – ein integrativer, interdisziplinärer Ansatz

Verhaltenssüchte aufgeführt, weil man die Datenlage für eine Klassifizierung von exzessivem Sexualverhalten (und exzessivem Essverhalten sowie pathologischem Kaufen) als nicht ausreichend erachtete (Mann et al. 2016). Andere subsumierten neben substanzgebundenen Süchten auch potenziell suchtrelevante Verhaltensbereiche, darunter Essverhalten, Computerspielen, Internet, Liebe, Sex, Sport, Arbeit und Shoppen (Sussmann 2017, S. 3 f.).

Das Verlaufsmodell von Carnes (2001; ▶ Abb. 7.1) wurde ursprünglich als Erklärungsmodell für die sexuelle Sucht entwickelt, jedoch auch für CSBD adaptiert (Black 2000). Postuliert wird ein progressiv verlaufender, wiederkehrender Zyklus, wobei der Störungsgrad schwerer wird, je länger eine Intervention ausbleibt. Der Beginn solcher sexuell zwanghaften Verhaltensweisen wird meist in der Adoleszenz verortet, wobei im weiteren Verlauf entweder ein chronischer oder episodischer Verlauf nachvollziehbar ist.

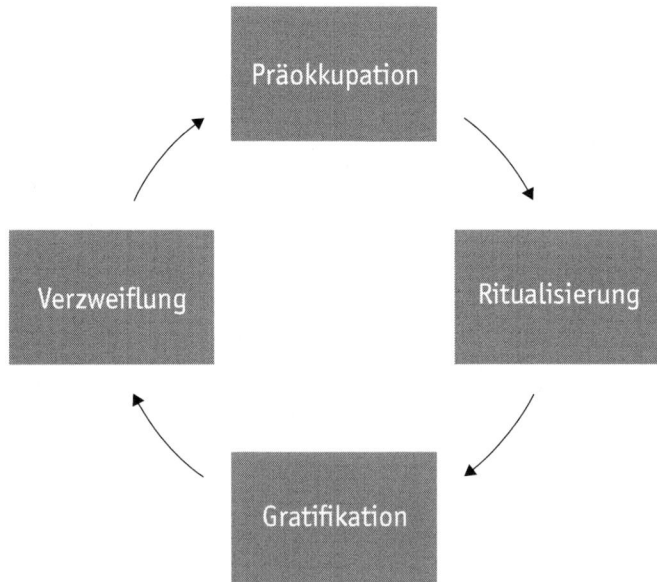

Abb. 7.1: Entstehungszyklus von sexueller Sucht (angelehnt an Carnes 2001, S. 26)

7.1 Stoffgebundene und ungebundene Süchte: CSBD als Verhaltenssucht

Die erste Stufe der *Präokkupation* umfasst die zunehmende gedankliche Vereinnahmung durch sexuelle Inhalte und Verhaltensweisen, welche oftmals mit einer obsessiven Suche nach stimulierendem Material einhergeht. Carnes beschreibt einen »Trance-ähnlichen« Zustand, in dem nach sexuellen Stimuli gefiltert und beispielsweise stundenlang pornografisches Material im Internet gesichtet wird. Das Stadium beinhaltet nicht zwangsläufig sexuelle Verhaltensweisen, es geht vielmehr um die gedankliche Einvernahme. Bereits in dieser ersten Stufe können negative Konsequenzen im sozialen Umfeld resultieren, bspw. die Vernachlässigung naher Beziehungen (Partner:innen, Familie, Freundeskreis) oder sozialer Verpflichtungen (Beruf, Freizeitgestaltung). Die zweite Stufe *Ritualisierung* beinhaltet die Entwicklung von eigenen Routinen, welche die gedankliche Beschäftigung mit sexuellen Inhalten anregen und verstärken. Betroffene entwickeln in dieser Stufe typischerweise einen sog. Modus Operandi, d. h. immer gleiche Abläufe oder Methoden, die den Zugang zur Erregung erleichtern. Sowohl die Phase der Präokkupation als auch der Ritualisierung werden von Betroffenen häufig als erstrebenswerter und lustvoller geschildert als die danach folgende Gratifikation bzw. die konkreten sexuellen Handlungen. Nicht selten berichten Betroffene von stundenlangem Herauszögern dieser beiden ersten Phasen. Die dritte Stufe umfasst die sexuelle *Gratifikation* durch sexuelle Handlungen und häufig den Orgasmus, welche nicht selten unmittelbar zur vierten Stufe *Verzweiflung* führt. Die letzte Stufe der Verzweiflung geht häufig mit Gefühlen von Machtlosigkeit, Kontrollverlust, Scham, Schuld, Leere und Isolation einher. Sie bildet den Tiefpunkt des Zyklus. Der Zyklus schließt sich damit, dass diese negative Befindlichkeit wiederum eine – dysfunktionale – Emotionsregulationsstrategie triggern kann, womit ein erneuter Einstieg in den Kreislauf erfolgen kann.

7.2 Alternative Erklärungsmodelle und Einflüsse

Obwohl laienätiologische Schlussfolgerungen einen solchen Zusammenhang nahelegen könnten, spielen erhöhte Testosteronlevels, also endokrinologische ätiologische Modelle bei betroffenen CSBD-Männern keine Rolle (Chatzittofis 2020). Von anderen Fachkreisen wurden insbesondere Internet- und Computerspielabhängigkeit als *Beziehungs- und Verhaltensstörung* im Kontext *psychosomatischer Erkrankungen* konzeptualisiert (te Wildt 2011). Daher wurden Verhaltensstörungen in der Vergangenheit von Vertreter:innen der psychosomatischen Modelle unspezifisch als »sonstige näher bezeichnete Persönlichkeits- und Verhaltensstörungen« (ICD-10: F68.8) kodiert, von Anhänger:innen der spezifischen Suchtkategorie aber als Impulskontrollstörungen (ICD-10: F63.8; sonstige abnorme Gewohnheiten und Störungen der Impulskontrolle). Außerdem wurden Verhaltenssüchte als Kompensation von Selbstwertdefiziten und Problemen der sozialen Interaktion bewertet (Schuler et al. 2013), die nicht nur durch die »trübe Suchtlinse« zu betrachten seien. Dieser Aspekt hat sich im Rahmen der Erfahrungen der Pandemie in den vergangenen Jahren in den Vordergrund geschoben (Sinclair et al. 2021, S. 1098–1102). Damit werden jedoch ätiologische und pathogenetische Aspekte mit diagnostischen Kriterien und Zuordnungen vermischt, da vielen sehr unterschiedlichen psychischen Störungen dysfunktionale Bewältigungsversuche von Problemen der Selbstwert-, Emotions- und Beziehungs-Regulation zugrunde liegen.

Einen weiteren Bezugsrahmen bildet die *Psychotraumatologie* und ihre Perspektive auf sexuelle Traumata (Kingston 2017). So finden sich bei Traumatisierten epigenetische Veränderungen, z.B. verringerte Methylierungslevel in der Cortisolsynthese (Jokinen et al. 2017) und Veränderungen in der stressregulatorischen HPA-Achse (Chatzittofis et al. 2016). Ähnliche psychotraumatologische Einflüsse finden sich auch in der Ätiopathogenese anderer Suchterkrankungen

(Kapfhammer 2021). Sowohl bei der CSBD als auch bei anderen stoffgebundenen und ungebundenen Abhängigkeiten weisen überdurchschnittlich viele Betroffene Bindungsstörungen (Gilland et al. 2015) als Folge einer Vorgeschichte von Vernachlässigung, Misshandlung und/oder sexuellen Missbrauchs – im Sinne negativer Kindheitserfahrungen (englisch: »Adverse Childhood Experiences« (Felitti 2002) – auf (Cabanis et al. 2021; Labadie et al. 2018). Solche Erfahrungen können zwei extreme Kompensationsmechanismen begünstigen: Vermeidung sexueller Aktivitäten oder Hypersexualität (Vaillancourt-Morel et al. 2015).

7.3 Neurobiologische Korrelate der CSBD

Ein Suchtkonzept der CSBD wird durch neurobiologische Studien gestützt, die serotonerge und dopaminerge Veränderungen durch positive (z. B. Orgasmusgratifikation) und negative Verstärkung (Angstreduktion) untersucht haben (Bradford und Ahmed 2014; Kraus et al. 2016a). Entsprechend lassen sich Korrelate auf der Ebene der Neurotransmitter im Belohnungssystem finden, die sowohl durch Verhalten als auch Substanzkonsum ausgeschüttet werden (Noori et al. 2016). Behandlungsversuche der Dranghaftigkeit von CSBD-Symptomen mit Opioiden, z. B. Naltrexon, belegen eine dopaminerge Komponente, deren Aktivität durch Opioide reguliert werden kann (Kraus et al. 2015; Raymond et al. 2010). Eine Placebo-kontrollierte Doppelblind-Studie, bei der Citalopram bei homo- und bisexuellen Probanden eingesetzt wurde, weist ebenfalls auf eine serotonerge Dysbalance hin (Wainberg et al. 2006). Für eine ausführliche Darstellung der z. T. divergierenden neurobiologischen Befunde und deren Interpretationen sei hier auf das ▸ Kap. 4 verwiesen.

7.4 Ein analoges Sucht-Erklärungsmodell

CSBD wurde in der Literatur häufig mit Spielsucht verglichen (Sassover und Weinstein 2020). Zur Konzeption der Spielsucht (»Gambling«) liefert das »Interaction of Person-Affect-Cognition-Execution«-Modell (I-PACE) (Brand et al. 2016), zu Deutsch etwa das Modell des Zusammenspiels aus Person, Affektivität, Kognitionen und Exekutivfunktionen, eine Verständnisgrundlage. Es handelt sich um ein integratives Modell oder Verhaltenssuchtkonzept der Entstehung und Aufrechterhaltung von Spielsucht. »P« steht hier für die Kerncharakteristika einer Person, z. B. genetische Faktoren, frühere Kindheitserfahrungen, Stress, Vulnerabilität, Persönlichkeit, Impulsivität, geringer Selbstwert oder Gewissenhaftigkeit. Das »A« bezieht sich auf Affekte bzw. die Psychopathologie im Allgemeinen, also Depression, ADHS oder soziale Ängste. »C« bezieht sich auf Coping-Stile (Einsamkeit, erlebte soziale Unterstützung, soziales Misstrauen und spezifische Internet-Nutzungsmotive) und »E« auf reduzierte Exekutivfunktionen bzw. eine reduzierte inhibitorische Kontrolle. Weist eine Person besonders viele Merkmale in den vier Dimensionen auf, ist sie laut diesem Modell prädisponiert für die Entwicklung von problematischen Verhaltensweisen. Wesentlich in diesem Modell ist das Vorliegen eines kognitiven Bias zwischen Fantasie und Antizipation. In diese PACE-Terminologie lassen sich ebenso Befunde zur CSBD einordnen, die hypersexuelles Verhalten als Strategie zur – oft dysfunktionalen – Bewältigung von unangenehmen Emotionen (Traurigkeit, Einsamkeit, Angst, Überforderung, Langeweile etc.) bei Menschen mit einer erhöhten affektiven Vulnerabilität und einer reduzierten inhibitorischen Kontrolle im Sinne einer Selbstmedikationshypothese beschreiben (Lew-Starcowicz et al. 2020; Werner et al. 2018).

Zum weiteren Verständnis des Leidensdrucks durch den unkontrollierten Konsum einer psychotropen Substanz oder durch eine überproportionale Beschäftigung mit sexuellen Verhaltensweisen hilft die in der Suchtforschung gemeinhin anerkannte »Incentive

Salience Theory« (Berridge und Robbinson 2016), zu Deutsch Anreiz-Sensitivierungs-Theorie, die zwischen »Wanting« und »Linking« unterscheidet. Sie geht davon aus, dass der Rubikon zur Entwicklung einer Abhängigkeit nicht das von einer Substanz oder einem Verhalten direkt hervorgerufene Wohlbefinden (»Liking«) ist, sondern die *Antizipation* des Wohlbefindens (»Wanting«). So zeigt sich bei CSBD eine Tendenz zum »Wanting« als Reaktion auf sexuelle Stimuli (Gola et al. 2017; für eine ausführliche Erörterung dieser Theorie ► Kap. 4).

7.5 »Sexual Tipping Point Model« und »Dual Control Model«

Die beiden aktuellsten sexualmedizinischen Modelle, die von verschiedenen Autor:innen zur Konzeptualisierung der CSBD herangezogen und aufgrund ihrer Einfachheit und Anschaulichkeit häufig im Patientenkontakt eingesetzt werden, fokussieren auf ein Gegenspiel von Erregung und Inhibition. Das »Sexual Tipping Point Model« (Perelman 2009, 2018) versteht sexuelle Erregbarkeit als Funktion des Zusammenspiels stimulierender und inhibierender physiologischer, psychologischer und sozialer Stimuli. Das »Dual Control Model« (Bancroft und Vukadinovic 2004; Rettenberger et al. 2016) rekurriert auf den neurophysiologischen Antagonismus sexueller Erregung und Inhibition. Beide Modelle beziehen biologische (Hormone, Neurotransmitter), soziale (Religion etc.) und psychologische (Affekt etc.) Aspekte mit ein. Sie postulieren, dass bei Menschen mit CSBD Erregungsfaktoren im Vergleich zu inhibierenden Faktoren überwiegen. Dabei kann das »Liking« *oder* das »Wanting« gestört sein (Banca und Novely 2016; Klucken et al. 2016): im ersten Fall wird schnell ein Orgasmus angestrebt, der aber nicht als befriedigend erlebt wird. Im zweiten Fall werden z. B. über Stunden Appetenzverhaltensweisen gezeigt (z. B. Suche, Sortierung, Optimierung des »perfekten« Pornos), die mit sexueller Stimulation und Erregung einhergehen, ohne zwingend zu einem Orgasmus zu führen (Gola et al. 2016). Letztlich entwickelt sich, analog zu stoffgebundenen Süchten, ein Teufelskreis, der das »psychotrope« Verhalten nicht mehr aufgrund positiver Verstärker sucht, sondern, um damit in Zusammenhang stehende negative Affekte zu reduzieren (Bechara et al. 2019).

Eher psychotherapeutisch ausgerichtete Studien zeigen, dass außerdem Schamgefühle eine erhebliche Rolle bei der Entstehung einer CSBD spielen (Reid et al. 2011, 2014). Kulturelle, moralische und religiöse Faktoren können vermehrtes – die Sexualität betreffendes – Schamerleben begünstigen (Efrati und God 2019), was wiederum die Entwicklung von – insbesondere sexueller – Kompensationsmechanismen begünstigt (Grubbs et al. 2020). Ebenso spielen gesellschaftlich aktuelle Rollenmodelle, Genderfragen, negative gesellschaftliche Einstellungen gegenüber Sexualität und/oder Pornografie und die Einstellung von im Gesundheitswesen Tätigen eine Rolle (Klein et al. 2019, S. 465).

Gleicht man das Konzept der CSBD mit Kriterien ab, die Austin Bradford Hill 1965 zur Evaluation einer Ursache-Wirkungs-Beziehung formuliert hat (Hill 1965, S. 295 ff.), so kann das aktuelle multifaktorielle Konzept der CSBD jedenfalls Folgerichtigkeit, Stärke (aufgrund starker Assoziationen zwischen Hypersexualität und Impulskontrolle, Affektregulation, Stressachse, psychotraumatologischen Aspekten und Gesellschaft), Plausibilität, Stimmigkeit und schließlich Analogie zu anderen Störungskonzepten (weil ähnliche Risikofaktoren zur Entwicklung stoffgebundener Abhängigkeitserkrankungen führen) für sich beanspruchen. Insofern kann durchaus von einem biopsychosozialen Konzept der CSBD gesprochen werden (Leiß 2020). Ein solch integriertes Verständnis der CSBD (▶ Abb. 7.2) lässt sich folgendermaßen zusammenfassen:

1. Bei Betroffenen liegt eine neurobiologische Dysbalance exhibitorischer und inhibitorischer Faktoren vor, die durch dopaminerge und serotonerge Transmission vermittelt wird und Erregungszu-

7.5 »Sexual Tipping Point Model« und »Dual Control Model«

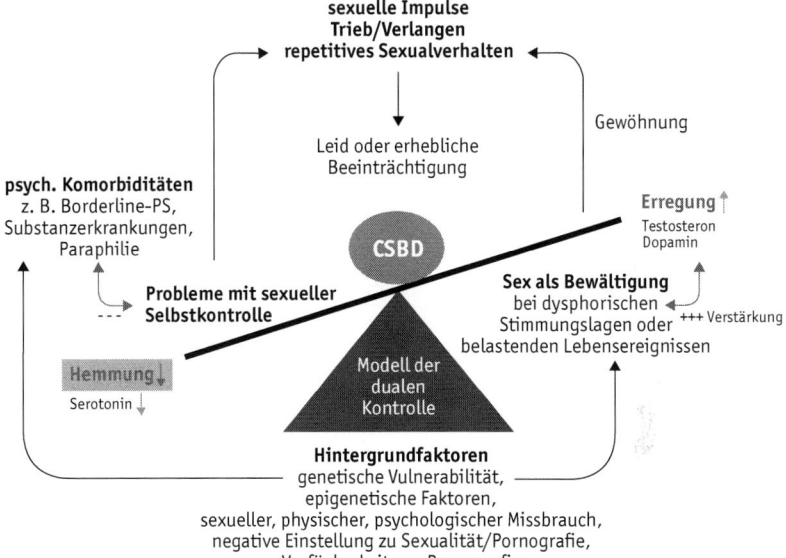

Abb. 7.2: Ganzheitliches Modell der CSBD auf Grundlage des Modells der dualen Kontrolle und des »Tipping-Point«-Modells
(Darstellung nach Briken 2020a, S. 398, basierend auf Bancroft und Janssen 2003, Perelman 2009, Pfaus 2009)

stände begünstigt. Testosteron ist für sexuelle Erregbarkeit, besonders bei Männern, notwendig und kann diese steigern (allerdings finden sich bei CSBD-Patienten i.d.R. keine erhöhten Testosteronwerte, ► Kap. 4).

2. Andere psychische Störungen, die mit einer verminderten Fähigkeit zur Impulskontrolle einhergehen (z.B. Borderline-Persönlichkeitsstörungen), können zu Problemen der sexuellen Kontrolle beitragen.

3. Sexuelles Verhalten kann als Kompensationsmechanismus für unangenehme Emotionen oder zur Stressregulation eingesetzt werden und wird positiv, aber auch negativ verstärkt (Orgasmus als Gratifikation versus Abnahme unangenehmer Emotionen durch das sexuelle Kompensationsverhalten).

4. Gewöhnungsmechanismen verursachen eine Zunahme der sexuellen Aktivität zum Preis der Abnahme von Befriedigung.
5. Wiederholtes und zunehmendes sexuelles Verhalten führt schließlich zu Leidensdruck und psychosozialen Beeinträchtigungen.
6. Die leichte Verfügbarkeit externer Stimuli – wie Pornografie – kann die Entwicklung einer CSBD begünstigen.
7. Neben biologischen und psychosozialen Faktoren spielen negative gesellschaftliche Einflüsse, wie eine ablehnende Haltung gegenüber Sexualität und/oder Pornografie, eine Rolle.

8 Diagnostik

Daniel Turner

Die Entwicklung und Beschreibung der diagnostischen Kriterien der CSBD wie auch der für das DMS-5 vorgeschlagenen, aber dort nicht aufgenommenen hypersexuellen Störung (Kafka 2010) wurde in ► Kap. 1 ausführlich dargestellt und soll hier nicht wiederholt werden.

8.1 Anamneseerhebung, körperliche Untersuchung und apparative Diagnostik

Vergleichbar zu anderen psychischen Störungen sollte im Verlauf des diagnostischen Prozesses neben dem psychopathologischen Befund eine ausführliche biografische, psychiatrische, somatomedizinische und suchtspezifische Anamnese erhoben werden. Besonderes Gewicht liegt auf der Erhebung einer strukturierten Sexualanamnese. Das eigene sexuelle Verhalten stellt für viele Menschen (Patient:innen und Behandler:innen) immer noch regelmäßig ein mit Scham besetztes Thema dar. Daher sollte für die Erhebung der Sexualanamnese ausreichend Zeit eingeplant werden, sie kann sich über mehrere Termine erstrecken. Hierdurch wird den Patient:innen genügend Zeit eingeräumt, Hemmungen abzubauen und sich zu öffnen. Gerade zu Beginn des diagnostischen bzw. therapeutischen Prozesses können die Schilderungen der eigenen Sexualität durch einen sozial erwünschten Antwortstil verzerrt sein. Nicht selten suchen Patient:innen zunächst auf Drängen des:der Partner:in, der Familie, des:

der Vorgesetzten oder des Gerichts ärztliche oder psychotherapeutische Hilfe, auch dies kann zu Verzerrungen in den Darstellungen der Patient:innen führen. Die Einholung einer Fremdanamnese durch den/die Partner:in oder andere enge Bezugspersonen sowie die Anforderung ärztlicher und psychotherapeutischer Vorbefunde können helfen, mögliche Diskrepanzen in den Aussagen des:der Patient:in oder der eigenen diagnostischen Einordung aufzulösen. In jedem Fall sollte eine strukturierte Sexualanamnese die im Kasten genannten Punkte beinhalten.

> **Wichtige Inhalte einer Sexualanamnese**
>
> - Sexuelle Orientierung
> - Bisherige sexuelle Erfahrungen, inklusive sexueller Traumatisierungen
> - Aktuelles Sexualverhalten, Häufigkeit verschiedener sexueller Verhaltensweisen (Masturbation, Geschlechtsverkehr, Internetpornografie usw.)
> - Keine, wechselnde oder feste Partner:innen
> - Sexuelle Funktionsfähigkeit, sexuelle Schmerzen
> - Sexuelle Vorlieben/Abneigungen, inklusive paraphiler sexueller Vorlieben, Masturbationsfantasien
> - Erkrankungen und Operationen im Uro-Genital-Bereich
> - Übergriffiges, forensisch relevantes sexuelles Verhalten

Mit Hilfe dieser Punkte kann ein allgemeiner Überblick über die sexuelle Entwicklung und das derzeitige Sexualleben der Patient:innen gewonnen werden, ohne dass hierdurch bereits Rückschlüsse auf eine möglicherweise vorliegende Störung gezogen werden können. Hierbei ist es entscheidend, auch Art und Ausmaß des persönlichen Leidensdrucks oder interpersoneller Probleme herauszuarbeiten. Dazu können spezifische, sondierende Fragen behilflich sein (Rosenberg et al. 2021).

8.1 Anamneseerhebung, körperliche Untersuchung und apparative Diagnostik

Fragen zur Ausprägung von CSBD-Symptomen (nach Rosenberg et al. 2021)

1. Beschäftigen Sie sich häufig mit sexuellen Gedanken oder verbringen Sie viel Zeit mit Sex oder Masturbation, und zwar in einem Ausmaß, das Sie stört?
2. Kommt es häufig vor, dass Sie sich schlecht fühlen oder dass Sie es bereuen, wenn Sie Sex hatten oder anderes sexuelles Verhalten gezeigt haben?
3. Fühlen Sie sich von Ihrem sexuellen Verlangen oder Verhalten kontrolliert und haben Sie das Gefühl, dass Ihr Sexleben außer Kontrolle geraten ist?
4. Hat die Frequenz und Ihre Risikobereitschaft hinsichtlich Ihrer sexuellen Verhaltensweisen in den letzten Monaten zugenommen?
5. Nehmen Ihre Gedanken an Sex oder Ihre sexuellen Verhaltensweisen einen großen Teil Ihrer Zeit oder Ihrer finanziellen Ressourcen in Anspruch?
6. Hatten Sie bereits Probleme auf der Arbeit, mit Freunden, mit der Familie oder gesundheitliche Probleme, weil Sie zu viel mit den Gedanken an Sex oder mit sexuellen Verhaltensweisen beschäftigt waren?

Komplettiert werden sollte der diagnostische Prozess mit einer orientierenden körperlichen Untersuchung, einschließlich einer neurologischen Untersuchung und einer Untersuchung der primären Geschlechtsorgane. Je nach eigener beruflicher Qualifikation kann bzw. sollte diese an andere Personen delegiert werden. Bei begründetem Verdacht kann der diagnostische Prozess durch ein Routinelabor, inklusive Bestimmung der Hormonkonzentrationen oder eine weitere organspezifische Diagnostik ergänzt werden (z. B. Sonografie, hirnbildgebende Methoden, genetische Testung) (siehe auch ▶ Kap. 8.2 Differenzialdiagnostik).

8.2 Differenzialdiagnostik

Im Rahmen der ausschluss- und differenzialdiagnostischen Überlegungen sind sowohl psychiatrische als auch somatische Erkrankungen zu berücksichtigen (▶ Tab. 8.1). Sollte das zwanghafte sexuelle Verhalten besser durch eine andere psychische Störung oder somatische Erkrankung erklärbar sein, sollte keine entsprechende Diagnose vergeben werden und es sollte zunächst eine Leitlinien-gerechte Therapie der Grunderkrankung erfolgen. Im diagnostischen Prozess ist auch auf etwaige andere, komorbide psychische Störungen zu achten (für eine detaillierte Erörterung ▶ Kap. 9).

8.3 Differenzialdiagnostische Abgrenzung der paraphilen Störungen

Als Paraphilien werden von der sogenannten Norm abweichende sexuelle Interessen oder Verhaltensweisen bezeichnet, wobei das, was als »von der Norm abweichend« angesehen wird, nicht nur zwischen Gesellschaften, sondern auch innerhalb einer Gesellschaft stark variieren kann (Turner und Briken 2019). Führen diese »ungewöhnlichen« sexuellen Interessen oder Verhaltensweisen zu Leidensdruck, interpersonellen Problemen oder zu einer Eigen- oder Fremdgefährdung, spricht man gemäß ICD-11 oder DSM-5 von einer paraphilen Störung. Vergleichbar mit der CSBD zeichnen sich auch paraphile Störungen durch einen andauernden und wiederkehrenden sexuellen Drang oder sexuelle Impulse aus, die als unwiderstehlich und unkontrollierbar empfunden werden, was eine Abgrenzung häufig zunächst schwierig gestalten kann. Bei den paraphilen Störungen bezieht sich die sexuelle Dranghaftigkeit aber allein auf das Ausleben der paraphilen Sexualität, während es bei CSBD ganz

8.3 Differenzialdiagnostische Abgrenzung der paraphilen Störungen

Tab. 8.1: Ausschluss- und differenzialdiagnostische Überlegungen

Differenzialdiagnose	Diagnostische Überlegungen
Psychiatrische Erkrankungen	
Manische Syndrome im Rahmen von bipolaren, schizoaffektiven oder anderen psychiatrischen Störungen	Gesteigertes sexuelles Verlangen oder sexuelle Umtriebigkeit findet sich häufig als Symptom bei Manien. Aufgrund der zusätzlich vorliegenden Symptome, z. B. gesteigerter Antrieb, reduziertes Schlafbedürfnis oder psychotische Symptome, fällt die Abgrenzung häufig nicht schwer.
Emotional-instabile/Borderline-Persönlichkeitsstörung	Patienten mit einer Borderline-Persönlichkeitsstörung zeigen häufig impulsives Verhalten, auch im sexuellen Bereich, was z. B. zu häufig wechselnden Sexualpartnern führen kann. Im Gegensatz zu ausschließlich zwanghaftem sexuellem Verhalten finden sich häufig impulsive Verhaltensweisen auch in anderen Bereichen sowie weitere emotional-instabile Symptome, wie starke Stimmungsschwankungen oder unsichere und emotional aufgeladene Beziehungen. Allerdings kann eine CSBD auch als eigenständige, komorbide Störung zusätzlich zu einer Borderline-Persönlichkeitsstörung auftreten.
Autismus-Spektrum-Störung	Wiederkehrendes sexuelles Verhalten kann Ausdruck repetitiver Verhaltensweisen bei Menschen mit einer Autismus-Spektrum-Störung sein. Häufig findet man aber eine deutliche Entwicklungsverzögerung in der Kindheit sowie eine leichte Intelligenzminderung bei Betroffenen.
Intelligenzminderung	ersonen mit einer Intelligenzminderung zeigen häufig auffällige, situationsunangepasste sexuelle Verhaltensweisen, z. B. in Form exzessiver Masturbation. Da es sich in der Regel um Personen mit einer deutlichen Intelligenzminderung handelt, fällt die Differenzialdiagnostik in der Regel nicht schwer.
Zwangsstörungen	Häufig stehen hier sexuell assoziierte Zwangsgedanken im Vordergrund mit der Befürchtung, sexuell deviante Fantasien (z. B. eine Vergewaltigung) in die Tat umzusetzen. Hierbei wird jedoch keine sexuelle Erregung empfunden.

Tab. 8.1: Ausschluss- und differenzialdiagnostische Überlegungen – Fortsetzung

Differenzialdiagnose	Diagnostische Überlegungen
Drogen-induzierte sexuelle Auffälligkeiten	Insbesondere im Rahmen eines Gebrauchs von Amphetaminen oder Kokain kann es zu gesteigertem sexuellem Verlangen und Verhalten kommen. Eine genaue Anamnese und ggf. Drogentests helfen bei der differenzialdiagnostischen Abgrenzung.
Somatische Erkrankungen	
Frontal lokalisierte Schädel-Hirn-Traumata oder Raumforderungen	Zum Ausschluss bzw. Bestätigung hilft eine CT- oder MRT-Untersuchung.
Morbus Parkinson	Bei Morbus Parkinson treten hypersexuelle Symptome in aller Regel unter Therapie mit L-Dopa und/oder bei tiefer Hirnstimulation auf.
Fronto-temporale Demenzen	Neben der Enthemmung im sexuellen Verhalten findet man auch die Demenz-typischen Gedächtnis- und Orientierungsprobleme. Außerdem erstmaliges Auftreten des gesteigerten sexuellen Verlangens und Verhaltens i. d. R. im hohen Erwachsenenalter.
Störungen im Hormonhaushalt, z. B. Phäochromozytom oder gonadotropes Hypophysenadenom	Äußerst selten. Bestimmung der Hormonserumkonzentrationen, mindestens Testosteron, Prolaktin, Östrogen, LH, Kortisol und TSH.
Medikamenten-induziert	Unter verschiedenen Medikamenten wurde ein gesteigertes sexuelles Verlangen beschrieben, v. a. bei dopaminergen Antidepressiva (z. B. Bupropion), L-Dopa oder Dopaminagonisten, Aripiprazol, Stimulanzien oder Testosteronsubstitution. Meist hilft eine genaue Anamnese zu den zeitlichen Zusammenhängen.

8.3 Differenzialdiagnostische Abgrenzung der paraphilen Störungen

überwiegend zu »normativem« sexuellem Verhalten kommt (wie oben erwähnt, existiert aber keine allgemein gültige Definition der sexuellen Norm). Erschwerend kommt noch eine hohe Komorbiditätsrate von bis zu 30 % zwischen paraphilem und zwanghaftem sexuellem Verhalten hinzu (Briken et al. 2006; Kafka und Hennen 2002; Klein et al. 2015a).

> **Merke:** Man kann sich dennoch merken, sollte sich das zwanghafte sexuelle Verhalten allein auf paraphile sexuelle Interessen beziehen und sich auch nur in solchen Verhaltensweisen äußern, sollte auch nur eine paraphile Störung und keine komorbide CSBD diagnostiziert werden.

Dennoch zeichnet sich hier eine Unklarheit ab: Einerseits werden in der aktuell gültigen Fassung der ICD-11 als einzige explizit genannte Ausschlussdiagnose paraphile Störungen aufgeführt. Andererseits wird bei der aktuellen Erläuterung (World Health Organization 2022) darauf hingewiesen, dass bei Personen, die sowohl die Kriterien für eine CSBD als auch die für eine Paraphile Störung erfüllen, beide Diagnosen gestellt werden sollen. Dies könnte dazu führen, dass bei vielen Patient:innen mit einer ausgeprägten, progredienten paraphilen Entwicklung streng genommen beide Diagnosen zu stellen wären. Wie beschrieben reicht schon eines der Kernmerkmale (zentraler Lebensinhalt, wiederholte gescheiterte Versuche das Verhalten zu reduzieren/kontrollieren oder Fortführung trotz negativer Konsequenzen) zur Diagnose einer CSBD aus. Hier sei darauf hingewiesen, dass ein »süchtiges Erleben« für Giese (1959) eines der Merkmale einer sog. »Perversion« war (▶ Kap. 1). Hingegen soll laut ICD-11 bei einer Person mit einer paraphilen Störung, die in der Lage ist, eine gewisse Kontrolle über die Manifestationen ihres paraphilen Erregungsmusters auszuüben, nicht zusätzlich eine CSBD diagnostiziert werden. Dies könnte z.B. für einen pädophilen Mann gelten, der zwar unter seinen pädophilen Fantasien leidet und nur sehr selten entsprechendes pornografisches Material konsumiert, aber ansonsten seine pädophilen Bedürfnisse gut kontrollieren kann und nicht handlungswirksam werden lässt. Es bleibt abzuwarten, ob und wie die zu erwartenden Übersetzungen und Manuale und die praktische Anwendung der ICD-11 diese – im Einzelfall diffizilen – Abgrenzungen weiter klarifizieren werden.

8.4 Psychometrische Diagnostik

Mittlerweile existieren zahlreiche Fragebögen und Interviews, die der Erhebung zwanghaften sexuellen Verhaltens dienen. In Übersichtsarbeiten wurden mehr als 30 solcher Instrumente und Skalen identifiziert mit jedoch unterschiedlicher Validität und Reliabilität (Montgomery-Graham 2017; Turner et al. 2014; Womack et al. 2013). Es liegen nur wenige dieser Instrumente in einer deutschen Übersetzung vor bzw. wurden für den deutschsprachigen Raum validiert, was deren Anwendbarkeit im klinischen Alltag begrenzt. Zwei dieser diagnostischen Instrumente können empfohlen werden.

Hypersexual Behavior Inventory (HBI-19): Die zuvor zitierten Übersichtsarbeiten kamen zu dem Ergebnis, dass zur Erfassung hypersexueller Verhaltensweisen mit Hilfe von Fragebögen primär auf das Hypersexual Behavior Inventory (Reid et al. 2011) zurückgegriffen werden sollte, da dieses derzeit weltweit die am besten validierte Skala darstellt und aufgrund ihrer Kürze besonders anwenderfreundlich ist. Das HBI-19 besteht aus 19 Items mit jeweils einer fünfstufigen Antwortskala, welche in die drei Subskalen Kontrolle, Coping und Konsequenzen eingeteilt wird. Mit der Skala »Kontrolle« wird die Fähigkeit zur Beendigung des sexuellen Verhaltens erfragt, mit der Skala »Coping«, ob das sexuelle Verhalten zum Umgang mit Stress verwendet wird, und mit der Skala »Konsequenzen«, ob das sexuelle Verhalten mit der Erreichung von persönlichen Zielen interferiert. Ein Wert über 53 Punkten (Range: 19–95 Punkte) spricht für das Vorliegen eines ins Pathologische gesteigerten sexuellen Erlebens und Verhaltens, am ehesten im Sinne der von Kafka (2010) vorgeschlagenen Definition der hypersexuellen Störung. Für das HBI-19 existiert eine validierte deutschsprachige Version, die sowohl bei Männern als auch bei Frauen zufriedenstellende Reliabilitäts- und Validitätsindizes aufweist (Klein et al. 2014).

Compulsive Sexual Behavior Disorder Scale (CSBD-19): Im Gegensatz zum HBI-19 erfasst das CSBD-19 zwanghaftes sexuelles Verhalten basierend auf den diagnostischen Kriterien der ICD-11 (Böthe et al. 2020). Es besteht aus 19 Items, die zu fünf Subskalen zusammengefasst werden können: Kontrolle über sexuell-zwanghaftes Verhalten, Vereinnahmung (d.h., inwieweit stellt das sexuell-zwanghafte Verhalten einen zentralen Fokus im Leben der Betroffenen dar), Rückfälligkeit (d.h., nicht erfolgreiche Versuche, das sexuell-zwanghafte Verhalten zu reduzieren), Leidensdruck und negative Konsequenzen. Ein Wert von 50 oder höher (Range 19–76) spricht für eine hohe Wahrscheinlichkeit, dass eine CSBD gemäß ICD-11 vorliegt. In einer kürzlich veröffentlichten transkulturellen Validierungsstudie zeigte die deutsche Version des CSBD-19 sowohl bei Männern als auch bei Frauen ebenfalls zufriedenstellende Reliabilitäts- und Validitätsindizes (Böthe et al. 2020).

8.5 Diagnostischer Algorithmus

Zusammenfassend lässt sich also festhalten, dass für die Diagnosestellung und eine anschließende Therapie zunächst die genaue Kenntnis der aktuellen diagnostischen Kriterien nötig ist, die in den letzten Jahren nach reger Diskussion wiederholt überarbeitet wurden (▶ Kap.1). Bei diagnostischen Unsicherheiten können psychometrische Instrumente unterstützend eingesetzt werden. Diese ersetzen aber nicht eine umfangreiche klinisch-psychiatrische Anamneseerhebung mit dem Schwerpunkt auf der Sexualanamnese. Bei begründetem Verdacht auf eine somatische Ursache des zwanghaften se-

8 Diagnostik

xuellen Verhaltens können verschiedene weitere diagnostische Verfahren zum Einsatz kommen (z.B. Ultraschall, kraniale Bildgebung) oder der:die Patient:in kann zur weiteren Abklärung an eine:n entsprechende:n Fachärzt:in (z.B. Urologie, Gynäkologie, Endokrinologie usw.) überwiesen werden. Nach Vorliegen aller relevanten Informationen sollte die entsprechende Diagnose so rasch wie möglich gestellt bzw. nicht gestellt werden, um den anschließenden therapeutischen Prozess nicht unnötig hinauszuzögern (▶ Abb. 8.1).

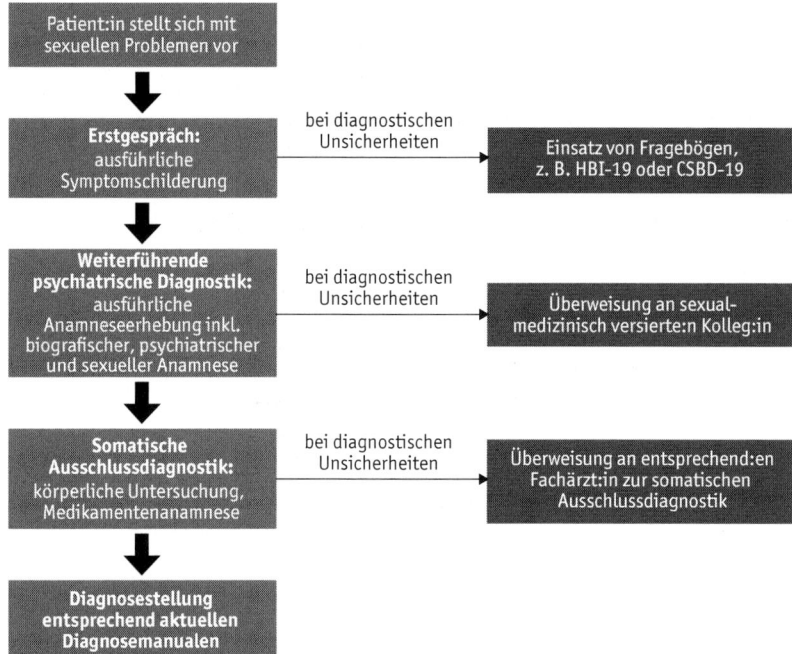

Abb. 8.1: Diagnostischer Algorithmus zur Erfassung sexuell-süchtigen bzw. -zwanghaften Verhaltens
HBI-19 = Hypersexual Behavior Inventory;
CSBD-19 = Compulsive Sexual Behavior Disorder Scale

9 Komorbidität

Friederike X. E. Höfer

Für Patient:innen, die Substanzkonsumstörungen und andere psychische Störungen aufweisen, etablierte sich in den 1990er Jahren die Zuschreibung von »Doppeldiagnosen« (Batra et al. 2019). Eine solche Begrifflichkeit wird bisher für Menschen, die unter einer psychischen Störung und sexuell süchtigem Verhalten bzw. CSBD leiden, kaum verwendet. Die Studienlage ist in Bezug auf die Behandlung von Patient:innen mit Doppeldiagnosen auch äußerst heterogen bezüglich ihrer Einschlusskriterien und anderen Aspekten. Dennoch weisen viele Studien auf signifikante duale psychische Erkrankungen auch bei einer CSBD-Symptomatik hin, insbesondere auf affektive Störungen (Kopeykina et al. 2016; Wéry et al. 2016). Da das Vorliegen psychiatrischer Komorbiditäten generell als problematischer Faktor in Hinblick auf den Therapieverlauf betrachtet wird, sind Erklärungsmodelle und Daten über häufig gleichzeitig auftretende psychische Störungen für eine effektive Therapieplanung relevant. Beispielsweise ist das Risiko, einen Suizid zu begehen, bei Menschen, die unter CSBD leiden, um bis zu 42 % erhöht (Wéry et al. 2016). Komorbiditäten gehen mit einer größeren Wahrscheinlichkeit von Therapieabbrüchen, hohen Rückfallraten, höheren Rehospitalisierungsraten, niedrigerem psychosozialen Funktionsniveau sowie einer erhöhten Rate von Arbeits- und Obdachlosigkeit einher (Moggi 2007).

Etwa die Hälfte der CSBD-Patient:innen erfüllt die Kriterien für mindestens eine weitere psychiatrische Diagnose (de Tubino Scanavino et al. 2013; Morgenstern et al. 2011; Smith et al. 2014).

9 Komorbidität

9.1 Sexuelle Störungen

Es ist naheliegend, zunächst Komorbiditäten aus dem Bereich anderer sexueller Störungen zu diskutieren. Bei einigen sexuellen Dysfunktionen zeigen sich klinisch signifikante Korrelationen, z.B. bei Erektionsstörungen (Klein et al. 2015a, S. 2160–2167), die häufig mit der Suche nach starken Stimuli und häufigem Pornografiekonsum einhergeht (Grubbs und Gola 2019). Obwohl CSBD häufig normophile Fantasien, Bedürfnisse und Verhaltensweisen beinhaltet, ergeben sich anhand einiger diagnostischer Merkmale (sexuelle Erregung und Dranghaftigkeit, daraus resultierend Leidensdruck und erhebliche psychosoziale Funktionseinschränkungen) Überschneidungen mit den paraphilen Störungen – wie pädophiler, exhibitionistischer, voyeuristischer, frotteuristischer und erzwungener (englisch: »Coercive«) sexuell sadistischer Störung (Kafka und Hennen 2003; Krueger et al. 2017). Bei den paraphilen Störungen bezieht sich das atypische (paraphile, d.h. »neben der Norm liegende«) sexuelle Interesse i.d.R. auf andere Personen, die aufgrund ihres Alters oder ihrer Situation nicht in die sexuellen Handlungen einwilligen können oder wollen (Krueger et al. 2017; World Health Organization 2022). Allerdings können eine CSBD und eine paraphile Störung durchaus komorbide bei derselben Person auftreten (für eine ausführliche Erörterung ► Kap. 8). Damit ergeben sich klinisch und besonders forensisch relevante Überschneidungen von bis zu 30 % (Wöfling et al. 2022). Gehen paraphile Störungen mit CSBD einher, stellt diese Komorbidität ein erhebliches Risiko für die einschlägige deliktische Rückfallgefahr von Sexualstraftätern dar (Hanson und Morton-Bourgon 2005; Klein et al. 2015b; ► Kap. 5).

9.2 Affektive und Angststörungen, Verhaltenssüchte/Impulskontrollstörungen und ADHS

Besonders häufig (▶ Tab. 9.1) liegen bei einer CSBD komorbid affektive Störungen, Angsterkrankungen (Kafka 2015), andere Verhaltenssüchte wie Spielsucht und Störungen der Impulskontrolle vor (Grant et al. 2005; Kraus 2015; Raymond et al. 2003). Hohe Komorbiditätsraten finden sich auch für Aufmerksamkeitsdefizit-/Hyperaktivitätsstörungen (Böthe et al. 2019; Karaca et al. 2017; Niazof et al. 2019; te Wildt et al. 2014). Die Komorbidität mit affektiven Störungen (v. a. Depressionen und Dysthymia) und Angststörungen stützen die pathogenetischen Überlegungen und zugehörigen Befunde, dass CSBD-Patient:innen häufig auf Sexualität als eine zentrale Coping-Strategie zur Bewältigung von negativen Emotionen (wie Depressivität, Einsamkeit, aber auch Angst) zurückgreifen (▶ Kap. 7).

Tab. 9.1: Lebenszeitprävalenz der Komorbiditäten bei CSBD-Patient:innen (nach Ballester-Arnal et al. 2020)

Komorbidität	Prozent
Irgendeine Achse-1-Störung	91,2
Schädlicher Gebrauch von Alkohol	44,1
Major Depression	39,7
Andere Substanzstörung	22,1
Anpassungsstörung	20,6
Spezifische Phobie	19,1
Alkoholabhängigkeit	16,2
Soziale Phobie	10,3
Bulimia nervosa	5,9

Tab. 9.1: Lebenszeitprävalenz der Komorbiditäten bei CSBD-Patient:innen (nach Ballester-Arnal et al. 2020) – Fortsetzung

Komorbidität	Prozent
Borderline-Persönlichkeitsstörung	5,9
Zwangsstörung	5,9
Posttraumatische Belastungsstörung	5,9
Dysthymie	5,9
Panikstörung	5,9
Körperdysmorphe Störung	4,4
Hypochondrie	2,9
Agoraphobie	1,5
Anorexia nervosa	0,0

9.3 Psychotrope Substanzen und substanzbezogene Störungen

Psychotrope Substanzen mit sexuell fördernden bzw. steigernden Effekten werden zu diesem Zweck in bestimmten Populationen bzw. Situationen eingenommen, z. B. von homosexuellen Männern oder in bestimmten Club-Szenen. Dabei kommen Amphetamine und andere Stimulanzien zum Einsatz, aber auch Gammahydroxybuttersäure (GHB), bekannt als sog. Liquid Ecstasy oder K.O.-Tropfen (Bosch et al. 2017). Vor allem extrovertierte Menschen, die zu »Sensation Seeking« neigen, tendieren zu einem promisken Sexualverhalten in Kombination mit psychotropen Subtanzen (Sutton et al. 2015). Daraus kann sich eine stoffgebundene Störung im Sinne eines schädlichen Gebrauchs oder einer Abhängigkeit entwickeln (Kraus et al. 2021).

Eine komorbide zu einer CSBD bestehende substanzbezogene Störung kann bei CSBD-Patient:innen aber auch aus anderen Gründen bestehen. Zum einen werden neben Sexualität (wie bei der CSBD) oft auch psychotrope Substanzen zur Bewältigung negativer Emotionen und belastender Situationen eingesetzt. Zum anderen können verminderte Impulskontrolle wie auch eine Neigung zu »Sensation Seeking« sowohl die Entwicklung einer CSBD als auch einer substanzbezogenen Störung begünstigen. Daher ist es nicht überraschend, dass Patient:innen mit einer CSBD hohe Prävalenzraten für Alkohol-, Cannabis- und Kokainabhängigkeit aufweisen (Ballester-Arnal 2020; Reid und Meyer 2016).

9.4 Somatische Erkrankungen

CSBD geht sowohl bei hetero- als auch bei homosexuellen Betroffenen beider Geschlechter mit einer erhöhten Bereitschaft zu risikoreichem Sexualverhalten einher. Daher verwundert es nicht, dass sich bei CSBD auch höhere Prävalenzen für sexuell übertragbare Erkrankungen (Sexually Transmitted Diseases, STD), u.a. wie HIV und Hepatitiden, finden (Parsons et al. 2015; Xu et al. 2016; ▶ Kap. 5).

9.5 Primäre Störung oder Symptom?

Bei einigen neurologischen wie auch psychischen Störungen tritt ein gesteigertes und/oder ein unangemessenes sexuelles Verlangen als Symptom auf (▶ Kap. 8), insbesondere bei Störungen, die mit einer Beeinträchtigung der Frontal- oder Temporalhirnfunktionen einhergehen, z.B. nach Läsionen, bei demenziellen Prozessen oder Morbus Parkinson (Turner et al. 2015; Weintraub et al. 2010). Eines der diagnostischen Kriterien für eine organische Persönlichkeitsstörung sind hypersexuelle (oder hyposexuelle) Auffälligkeiten. Auch ärztlich verschriebene dopaminerge Substanzen, wie z. B. L-Dopa zur Behandlung eines Morbus Parkinson, können hypersexuelles Verhalten als eine unerwünschte Nebenwirkung hervorrufen (Nakum und Cavanna 2016).

Ebenso zeigt sich bei emotional-instabilen, narzisstischen und ängstlich-vermeidenden Persönlichkeitsstörungen gehäuft ein hypersexuelles Verhalten (Elmquist et al. 2016; Jardin et al. 2017), wie auch bei hochfunktionalem bzw. Asperger-Autismus (Schötte et al. 2017). Affektive Störungen wiederum können sowohl mit Libidoverlust als auch mit einer erhöhten sexuellen Aktivität einhergehen (Bancroft 2008; Bancroft et al. 2003). Sexuelle Impulsivität tritt häufig bei Frauen auf, die unter sozialer Phobie, Alkoholabhängigkeit oder verschiedenen Subtypen von Persönlichkeitsstörungen leiden (Erez 2014).

Da also sexuell zwanghaftes bzw. süchtiges Verhalten häufig komorbid mit anderen psychischen Störungen auftritt, stellt sich im Einzelfall die Frage, ob es sich um eine primäre Störung (im Sinne einer CSBD) oder um Symptome einer anderen Störung handelt. Tritt die sexuelle Problematik ausschließlich – z. B. erkennbar am zeitlichen Verlauf – im Rahmen einer anderen psychischen oder somatischen Störung auf, sollte keine separate Diagnose einer CSBD gestellt werden (Briken 2020a, ▶ Kap. 8).

10 Therapie

Andreas Hill, Peer Briken und Daniel Turner

In den vorangegangenen Kapiteln wurden die verschiedenen Symptome und Schweregrade, Ursachen und Entwicklungspfade, Komorbiditäten und Verläufe von Personen mit einer CSBD bzw. einer hypersexuellen oder sexuell süchtigen Symptomatik erörtert. In einer integrativen, biopsychosozialen Betrachtung ist die Ätiologie der CSBD multifaktoriell (▶ Kap. 7). Bevor eine bestimmte Form der Behandlung eingeleitet wird, sollte daher gemeinsam mit den Patient:innen immer ein individuelles Störungsmodell entwickelt werden, das versucht, bestimmte Ursachen auszuschließen (z. B. eine organische Störung) und andere Ursachen als besonders wahrscheinlich erscheinen zu lassen (z. B. die Nutzung von Sexualität als Mechanismus zur Bewältigung von negativen Gefühlen). Nur so kann das therapeutische Vorgehen gezielt geplant werden. Wenn die psychische Belastung z. B. hauptsächlich durch moralisch-religiöse Einstellungen gegenüber Masturbation oder Pornografie verursacht wird, sollte man von der Stellung einer Diagnose CSBD absehen. Dennoch kann auch in diesen Fällen eine Sexualberatung oder eine Psychoedukation sinnvoll sein. Dies unterstreicht die Bedeutung des biopsychosozialen Ansatzes bei der Betrachtung zwanghaften sexuellen Verhaltens, der die sozialen Dimensionen sowie wichtige Komorbiditäten, insbesondere depressive Störungen, Angststörungen und Persönlichkeitsstörungen, einschließt. Eine Behandlung einer CSBD ist daher jeweils individuell auf den:die jeweilige:n Patient:in auszurichten und anzupassen. Dies betrifft sowohl das Setting, die Dauer und die Einbeziehung von Partner:innen oder anderen dritten Personen wie auch die Auswahl von psychotherapeutischen und medikamentösen Interventionen. In diesem Kapitel sollen zunächst psychotherapeutische und andere psychosoziale Interventionen und anschließend die medikamentösen Behandlungsoptionen beschrieben und diskutiert werden.

10.1 Psychotherapie und andere psychosoziale Behandlungsmaßnahmen

Andreas Hill und Peer Briken

10.1.1 Empirische Daten zur Wirksamkeit von Psychotherapie

Die empirische Datenbasis von psychotherapeutischen und anderen psychosozialen Interventionen für Personen mit CSBD leidet derzeit noch unter dem schon mehrfach adressierten Problem, dass bis in die jüngste Gegenwart das Störungsbild z.T. sehr unterschiedlich beschrieben worden ist und nicht als eigenständige, spezifische Diagnose in den internationalen Krankheitsklassifikationssystemen (ICD und DSM) aufgenommen worden war. Insbesondere liegen nur wenige empirische Befunde zur Wirksamkeit der bisher konzipierten und durchgeführten Therapieansätze vor. Einer der Gründe für die Aufnahme der Diagnose CSBD in die ICD-11 ist die Förderung einer besseren Versorgung und Behandlung von Personen mit einer solchen Problematik.

In einer aktuellen systematischen Übersicht zu psychosozialen und medikamentösen Interventionen für CSBD mit einem Fokus auf problematischem Pornografiekonsum fanden sich unter den insgesamt 24 Studien nur vier mit einem randomisiert-kontrollierten Design (Antons et al. 2022). Von den insgesamt 1.058 Personen, die größtenteils männlich (94,8%), kaukasisch (90,2%) und heterosexuell (84,1%) waren, erhielten 977 Psychotherapie – davon 757 mit kognitiv-verhaltenstherapeutischen Ansätzen (KVT) – und nur 81 eine medikamentöse Behandlung. In drei Studien wurden Psychotherapie

10.1 Psychotherapie und andere psychosoziale Behandlungsmaßnahmen

und Pharmakotherapie kombiniert. In den Psychotherapie-Studien (n = 18) wurden häufig klassische und modernere KVT-Techniken – wie Motivationsförderung, Achtsamkeitstraining, »Acceptance- und Commitment«-Ansätze oder Reiz-Exposition (»Cue Exposure«) – integriert. Die meisten Behandlungen fanden in Gruppensettings statt. Die behandelten Personen berichteten – im Vergleich zu den Kontrollgruppen (i. d. R. Wartelisten-Personen) oder im Prä-Post-Vergleich – im Allgemeinen über positive Effekte wie Abnahme der Symptome von CSBD oder eines problematischen Pornografiekonsums. Dabei erschwert die hohe Varianz von diagnostischen Instrumenten und Behandlungstechniken eine Beurteilung der Wirksamkeit spezifischer Therapieansätze. In sechs Psychotherapie-Studien fand sich eine Verbesserung von Depressivität und Lebensqualität, in zwei Studien hingegen nicht.

Die Behandlungsziele und -strategien der Behandlungsprogramme fokussieren häufig – neben Psychoedukation und Akzeptanz hinsichtlich des Störungsbildes – auf Verbesserung der Kontrollfähigkeit bzgl. der Sexualität und der psychosozialen Funktionsfähigkeit, Coping von negativen Emotionen und Stress, Bearbeitung von Traumata und Scham sowie Rückfallprävention (Hook et al. 2014; von Franqué et al. 2015). Kritisiert wird, dass in vielen publizierten Behandlungsprogrammen nur unzureichend die Risiken des problematischen Verhaltens für den:die Betroffene selbst und für andere (Angehörige, Sexualpartner:innen) berücksichtigt sowie häufig die Therapieziele nicht priorisiert würden und teilweise eine zu starke Manualisierung den unterschiedlichen Ursachen und Verläufen nicht gerecht werde (Hook et al. 2014; von Franque et al. 2015). Laut der aktuellen Übersicht von Antons et al. (2022) wurde Abstinenz als explizites Therapieziel nur in drei der 24 Studien angestrebt, die zudem unterschiedlich oder individuell definiert wurde (z. B. Enthaltsamkeit von Selbstbefriedigung oder außerehelicher Sexualität).

Crosby und Twohig legten 2016 eine kontrollierte, aber nicht randomisierte Studie (d. h. nicht mit zufälliger Zuweisung zur Interventions- oder Behandlungsgruppe) über eine zwölf Sitzungen dauernde Acceptance- und Commitment-Therapie (ACT) für Personen mit problematischem Internet-Pornografiekonsum vor. Die Kontrolle bestand aus einer Warteliste-Gruppe. Bei den insgesamt 28 Teilnehmern (jeweils 14 pro Gruppe) handelte es sich um erwachsene Männer, die – bis auf einen – einer christlichen, den Mormonen zugeordneten Gemeinschaft angehörten. Der Pornografie-Konsum sank in der ACT-Gruppe signifikant stärker (um 93 %) als in der Warteliste-Gruppe (21 %). Bei einer Untersuchung aller Teilnehmer reduzierte sich der Pornografiekonsum am Ende der Therapie um 92 % und lag auch noch drei Monate später um 83 % niedriger als vor Beginn der Behandlung. Bei den meisten (92 %) Männern sank der Pornografiekonsum um mindestens 70 % und gut die Hälfte der Teilnehmer (54 %) hatten diesen zum Therapieende ganz eingestellt (Crosby und Twohig 2016). Es gibt auch Hinweise auf die Wirksamkeit von Achtsamkeitstechniken und Behandlungen mit dem 12-Schritte-Programm, das in Analogie zu anderen Suchterkrankungen v. a. von Selbsthilfegruppen angewendet wird (für Übersichten siehe Efrati und Gola 2018 sowie Antons et al. 2022).

In einer der wenigen randomisiert-kontrollierten Studie wurden 137 Männer mit einer hypersexuellen Störung – erhoben mittels der Hypersexual Disorder: Current Assessment Scale (HD:CAS) – untersucht. Die mit einem auf KVT- und ACT-basierenden Programm behandelte Gruppe (n = 70) wurde mit einer Warteliste-Gruppe (n = 67) verglichen (Hallberg et al. 2019; Details bei Hallberg 2019). Die Teilnehmer der Behandlungsgruppe zeigten eine signifikant stärkere Abnahme von hypersexuellen Symptomen (von 9,1 auf 5,5 Punkte in der HD:CAS) als die Kontrollgruppe (HD:CAS von 9,1 auf 8,8 Punkte), mit einer starken mittleren Effektstärke am Behandlungsende (Cohen's d = 0,66). Dieser Behandlungserfolg blieb auch nach drei und sechs Monaten noch stabil. Darüber hinaus nahmen in der Behandlungsgruppe auch depressive Symptome signifikant ab. Die gleiche Arbeitsgruppe fand ähnlich gute Behandlungseffekte auch in einer Pilotstudie – ohne Kontrollgruppe – für ein 12-wöchiges Internet-basiertes kognitiv-verhaltenstherapeutisches Programm bei 36 hypersexuellen Männern, mit und ohne zusätzliche Paraphilie (Hallberg et al. 2020). Das ursprüngliche siebenwöchige Behandlungsprogramm

10.1 Psychotherapie und andere psychosoziale Behandlungsmaßnahmen

wurde als Gruppentherapie durchgeführt, wobei das Material und die Übungen als Hausaufgaben für die nächste Sitzung erteilt wurden.

In einer randomisierten kontrollierten Interventionsstudie mit 264 Teilnehmer:innen (96,2 % Männer) wurde ein Web-basiertes, sechswöchiges Selbsthilfe-Programm untersucht, das u. a. auf Methoden von Motivationaler Gesprächsführung, KVT und Achtsamkeitstechniken basierte (Böthe et al. 2021). In einer ersten Auswertung dieser Studie berichteten der:die Teilnehmer:innen des Selbsthilfe-Programms – im Vergleich zu der Warteliste-Kontrollgruppe – am Ende der Intervention eine signifikant stärkere Abnahme der problematischen Pornografienutzung, der Häufigkeit von Pornografiekonsum, der Wahrnehmung von Abhängigkeit oder starkem Verlangen (englisch: Craving) bzgl. Pornografie sowie eine höhere Selbstwirksamkeit bei der Vermeidung von Pornografiekonsum (Effektstärke Cohen's d zwischen 0,40–1,65). Allerdings beendeten nur 11 % der Interventions-Gruppe das Programm und die Follow-up-Messung vollständig, im Vergleich zu 55 % der Warteliste-Gruppe.

Das Programm der Arbeitsgruppe von Hallberg und Kolleg:innen erscheint derzeit als die am besten evaluierte Behandlung für eine hypersexuelle bzw. eine CSBD-Symptomatik und wurde zudem ausführlich beschrieben. Daher soll es nachfolgend etwas detaillierter dargestellt werden (▶ Tab. 10.1).

Tab. 10.1: Behandlungsprogramm mit kognitiv-verhaltenstherapeutischen (KVT) sowie Acceptance- und Commitment (ACT)-Techniken (nach Hallberg 2019; Hallberg et al. 2019, 2020)

Behandlungsphase	Behandlungsinhalte
1. Psychoedukation	• Informationen über die Prinzipien von KVT • Beschreibung der hypersexuellen Störung aus KVT-Perspektive
2. Förderung von Motivation und Verhaltensänderung	• Informationen über die Theorie von Verhaltens-Veränderungsprozessen

Tab. 10.1: Behandlungsprogramm mit kognitiv-verhaltenstherapeutischen (KVT) sowie Acceptance- und Commitment (ACT)-Techniken (nach Hallberg 2019; Hallberg et al. 2019, 2020) – Fortsetzung

Behandlungsphase	Behandlungsinhalte
	◆ Analyse und Förderung der Motivation und der Bereitschaft für Verhaltensänderungen mit Untersuchung der individuellen Vor- und Nachteile
3. Funktionelle Verhaltensanalyse	◆ Verhaltensanalyse zur Steigerung des Bewusstseins für Stimuli/Anreize und Funktionen des problematischen sexuellen Verhaltens ◆ Identifizierung von überschießendem und defizitärem Verhalten
4. Impulskontroll-Skills-Training	◆ Entwicklung funktionaler Impuls-Management-Skills und Coping-Techniken für Risikosituationen ◆ Erstellung persönlicher Risikokarten ◆ ACT-basierte Technik des »Urge Surfing« mit wiederholtem Aufschieben oder Unterbinden von sexuellem Verhalten ◆ Achtsamkeitsübungen
5. Identifizierung von Werten und Verhaltensaktivierung	◆ Identifizierung von persönlichen Werten in verschiedenen Lebensbereichen (ACT-basiert) ◆ Verhaltensaktivierung in Übereinstimmung mit diesen Werten ◆ Operationalisierung in kurz- und langfristigen Zielen
6. Kognitive Umstrukturierung, Verhaltensübungen und funktionales Problemlösen	◆ Informationen über die Bedeutung und Funktion von Gedanken/Kognitionen und Emotionen ◆ Erlernen adäquater Coping-Techniken durch kognitive Umstrukturierung, Verhaltensübungen und Problemlöse-Techniken
7. Selbstsicherheits-/Assertiveness-Skills-Training	◆ Analyse der individuellen Kommunikationsstile in verschiedenen sozialen Kontexten, inkl. sexueller bzw. intimer Situationen ◆ Entwicklung adäquater Kommunikationsstile durch Verhaltensübungen ◆ Förderung von zwischenmenschlicher Intimität und Sexualität durch adäquate, offene Kommunikation

10.1 Psychotherapie und andere psychosoziale Behandlungsmaßnahmen

Tab. 10.1: Behandlungsprogramm mit kognitiv-verhaltenstherapeutischen (KVT) sowie Acceptance- und Commitment (ACT)-Techniken (nach Hallberg 2019; Hallberg et al. 2019, 2020) – Fortsetzung

Behandlungsphase	Behandlungsinhalte
	und sexualtherapeutische Übungen nach dem sog. Sensate-Focus-Prinzip mit Training der Körperwahrnehmung*
8. Rückfall-Prävention	• Rückblick und Zusammenfassung der Behandlung • Identifizierung der individuell nützlichen/passenden sowie noch ausbaufähigen Techniken und Materialien • Etablierung von Routinen für die Wiederholung/Einübung der Behandlungsinhalte • Erstellung eines individuellen Plans zur Aufrechterhaltung der erreichten Fortschritte und Rückfall-Vermeidung • Techniken für den Umgang mit Rückschritten

* Diese sexualtherapeutische Technik wurde erst später in das Internet-basierte Behandlungsprogramm aufgenommen (Hallberg 2019; Hallberg et al. 2020).

10.1.2 Therapieziele

Die Ziele einer Behandlung sollten individuell mit dem:der Patient:in am Anfang erarbeitet und sowohl im Laufe als auch am Ende der Behandlung evaluiert und ggf. angepasst werden. Dabei ist darauf zu achten, dass der:die Therapeut:in nicht eigene Werte und Vorstellungen über das, was er:sie für wünschenswert und angemessen hält, dem:der Patient:in explizit oder unterschwellig aufdrängt. Eine Voraussetzung dafür ist eine ausreichende Selbsterfahrung und -reflektion des:der Therapeut:in über seine:ihre eigene sexuelle Entwicklung, Wünsche, Ängste, Konflikte und Wertvorstellungen.

Häufig sind primäre Ziele für die Behandlung von CSBD-Patient:innen die Verbesserung der Kontrolle über das problematische sexuelle Verhalten und die Verringerung von negativen Auswirkungen auf sich selbst und auf andere, insbesondere Partner:innen und Familienangehörige. Zusätzlich und oft im Verlauf rücken weitergehende Ziele – wie die Verbesserung des Selbstwertgefühls, Abnahme von Depressivität und sozialen Ängsten oder Aufnahme befriedigender intimer Beziehungen – in den Fokus der Therapie. Am Anfang der Behandlung sollten die verschiedenen Behandlungsziele benannt und so konkret wie möglich an Beispielen beschrieben werden, möglichst auch schriftlich. In einem zweiten Schritt sollte mit dem:der Patient:in eine Priorisierung der Ziele erfolgen. Dabei ist insbesondere auf körperlich und sozial bedrohliche Folgen des sexuellen Verhaltens für sich und andere zu achten, z.B. die Vermeidung von Infektionen mit sexuell übertragbaren Krankheiten, ungewollte Schwangerschaften, Verschuldung (z.B. durch häufige Prostituiertenbesuche), Verlust des Arbeitsplatzes oder Trennung von Partner:in oder Familie, aber auch Behandlung bzw. Umgang mit Suizidalität. Bei der Erarbeitung und Priorisierung der Therapieziele sind zudem die häufig vorliegenden, komorbiden psychischen Störungen zu beachten (▶ Kap. 9).

Merke: Besonderes Augenmerk ist gerade am Anfang, bei der Erarbeitung der Therapieziele, aber auch während der gesamten Behandlung auf die oft ausgeprägten Scham- und Schuldgefühle der Betroffenen zu lenken. Diese sollten offen angesprochen und der:die Patient:in sollte zu einer möglichst offenen Kommunikation über sexuell-intime, aber auch andere scham- und schuldbesetzte Themen ermutigt werden. Hilfreich kann es dafür sein, Scham- und Schuldgefühle und die damit oft verbundenen Hemmungen und Vermeidungen als normalpsychologische Phänomene zu erläutern und als Motive für eine Verhaltensänderung einzuordnen, um das eigene Verhalten in besseren Einklang mit den eigenen Wertvorstellungen und Wünschen zu bringen.

10.1.3 Voraussetzungen und Ausschlusskriterien

In der Psychotherapieforschung sind Eigenschaften und Verhaltensweisen von Therapeut:innen für eine effektive Psychotherapie etabliert worden. Diese sind für die Behandlung verschiedener Störungsbilder gültig, bekommen jedoch bei Störungen der Sexualität – besonders solchen, die mit negativen Konsequenzen für Dritte verbunden sind – wegen der damit verbundenen starken Scham- und Schuldgefühle besondere Relevanz. Zu zentralen, therapieförderlichen Merkmalen von Therapeut:innen gehören Empathie, Wärme, Respekt, Vertrauen, Interesse, Ernsthaftigkeit, Aufrichtigkeit, emotionale Ansprechbarkeit, Flexibilität, Unterstützung, angemessene Selbstoffenbarung, Ermunterung zu aktiver Teilnahme, Verstärkung von positiven Äußerungen und Aktivitäten des:der Patient:in sowie eine angemessen optimistische Haltung (vgl. z. B. Marshall et al. 2011). In ihrem Buch über ein integratives, auf den Prinzipien der Förderung von Motivation für Verhaltensänderungen (Miller und Rollnick, 2015, siehe weiter unten in diesem Kapitel; Prochaska und DiClemente 2005) basierendem Behandlungsprogramm für Personen mit »Out of Control Sexual Behavior« (Braun-Harvey und Vigorito 2016) wiesen die Autoren auf fünf Prinzipien effektiver Psychotherapie hin (nach Goldfried 2013):

1. Förderung der Erwartung, dass Therapie helfen kann
2. Aufbau einer optimalen therapeutischen Beziehung
3. Verbesserung des Bewusstseins der:die Klient:innen über die Faktoren, die zu ihren Problemen beitragen (bei ihnen, bei anderen und in ihrer Umwelt)
4. Erleichterung von korrektiven Erfahrungen
5. Fortdauernde Überprüfung der Realität

Neben diesen eher unspezifischen Therapie- und Therapeut:innen-Merkmalen sind bei der Diagnostik und Behandlung von Personen mit einer CSBD – wie auch bei anderen sexuellen Störungen – Bereitschaft, Kenntnisse und Fähigkeiten notwendig, offen, detailliert

10 Therapie

und ausführlich über Sexualität und Intimität zu sprechen und die Patient:innen dazu zu ermutigen. Dabei sollte nicht nur auf Probleme und Defizite, sondern auch auf funktionale, »gesunde« Anteile und Ressourcen geachtet werden. Die Arbeitsgruppe um Eli Coleman hat einen Sex-positiven, integrierten Therapieansatz entwickelt, der auf die individuellen Funktionen und Fähigkeiten bzgl. Sexualität und Intimität fokussiert und eine übermäßige Pathologisierung von sexuellen Problemen vermeidet (Coleman et al. 2018). Die Notwendigkeit, sich vorurteilsfrei und offen mit Sexualität auseinanderzusetzen, bedeutet jedoch nicht, dass die Behandlung einer CSBD nur von Therapeut:innen mit einer speziellen sexualmedizinischen oder sexualtherapeutischen Zusatzqualifikation durchgeführt werden kann. Dennoch hilft eine sexualmedizinische und sexualtherapeutische Qualifikation, CSBD zu verstehen und zu behandeln: in der Diagnostik bei der komplexen Analyse, für welche nicht sexuellen Motive das sexuelle Verhalten genutzt wird, und in der Therapie dafür, wie diese Faktoren am besten adressiert werden können.

Diesen Voraussetzungen auf Therapeut:innen-Seite stehen Bedingungen bzw. Einschluss- oder Ausschlusskriterien auf Seiten der Patient:innen gegenüber. Dazu gehören eine verlässliche Teilnahme an den vereinbarten Sitzungen und eine gewisse Bereitschaft, offen und ehrlich über relevante Probleme und Ereignisse zu berichten. Dies schließt jedoch nicht aus, dass manche, v.a. mit Scham- und Schuldgefühlen verbundene Verhaltensweisen, Fantasien, Wünsche und Impulse erst im Verlauf einer Behandlung offenbart werden.

Nicht aussichtsreich erscheint eine spezifische Therapie einer CSBD zum Zeitpunkt einer akuten schweren Substanzkonsumstörung (mit regelmäßigen Intoxikationen oder dauerhaftem Konsum) oder einer akuten schweren psychiatrischen Störung (z.B. einer schweren Depression mit akuter Suizidalität oder einer akuten psychotischen Erkrankung) sowie bei erheblichen Beeinträchtigungen der Intelligenz oder anderer kognitiver Leistungen (z.B. mittelgradige bis schwere Intelligenzminderung, Demenz).

10.1.4 Therapiesettings

Die Psychotherapie von CSBD-Patient:innen kann sowohl im Einzel- als auch im Gruppensetting durchgeführt werden. Partner:innen können einbezogen werden (im Sinne von Angehörigengesprächen), manchmal – oft im weiteren Verlauf oder im Anschluss an eine Einzeltherapie – kann eine von der Einzeltherapie unabhängige Paarberatung oder -therapie indiziert sein. In Einzelfällen können auch anderen Angehörige, Freund:innen oder Arbeitgeber:innen in die Therapie miteinbezogen werden, selbstverständlich immer nur soweit der:die Patient:in damit einverstanden ist und keine erheblichen negativen Folgen von einer solchen Intervention zu erwarten sind. Diese könnten beispielsweise aus solchen Gesprächen mit Drittpersonen resultieren, wenn Patient:innen diese aus einer Art Geständniszwang und aus bewussten oder unbewussten Selbstbestrafungsimpulsen heraus initiieren würden. Aus der Einbeziehung von Dritten können negative Effekte z.B. auch bei Patient:innen resultieren, die wenig Gespür für eine angemessene Kommunikation über Sexualität und ein sehr geringes Schamgefühl aufweisen und zu einer Sexualisierung von Alltagsbeziehungen und -kontakten neigen.

Wenn eine Intimbeziehung besteht, kann es sinnvoll sein, den:die Partner:in teilweise in die Therapie miteinzubeziehen, besonders in der diagnostischen und Therapieplanungsphase, um Ausmaß und Folgen der CSBD für die Partnerschaft, aber auch deren Qualität und Ressourcen objektiver einschätzen zu können. Im weiteren Therapieverlauf kann dies indiziert sein, wenn stärker auf die Bearbeitung von Intimitätsproblemen fokussiert wird. Dabei ist darauf zu achten, dass die Einbeziehung des:der Partner:in nicht das Vertrauensverhältnis zwischen Patient:in und Therapeut:in erschüttert. Daher muss ein Paargespräch ausführlich mit dem:der Betroffenen vorbereitet und abgesprochen werden, ob und wenn ja welche Informationen der:die Therapeut:in von sich aus offenlegen kann, welche Fragen gestellt und welche Themen besprochen werden sollen und welche nicht (z.B. sexuelle Außenkontakte, Prostituiertenbesuche, Art und Umfang von Pornografiekonsum oder anderes problematisches sexuelles Verhalten). In einem Paargespräch sollte der:die Partner:in nach ihrem Umgang und eigenen psychischen Problemen im Zusammenhang mit der CSBD des:der Patient:in befragt und der Beratungs- und Therapiebedarf des:der Partner:in abgeschätzt werden.

Gerade zu Beginn einer Behandlung haben viele Patient:innen mit CSBD große Mühen und Hemmungen, über sich und ihre Probleme offen in einer Gruppe zu sprechen. Dennoch kann es therapeutisch wertvoll sein, wenn sie sich nicht nur im Zweiergespräch mit dem:der Therapeut:in, sondern auch gegenüber Dritten über ihr Erleben und Denken, Wünsche und Ängste, Impulse und Hemmungen im Allgemeinen und speziell bzgl. ihrer Sexualität öffnen und austauschen können. Gruppenprozesse können als Modell und Übungsfeld für die Entwicklung von besserer Kommunikation und Intimität und somit sozialer Kompetenzen, inkl. Förderung der Selbstsicherheit, dienen, teilweise rascher und unmittelbarer als in einer Einzeltherapie. Allerdings sollten in einer Gruppe Patient:innen sein, die entweder ebenfalls eine CSBD-Symptomatik oder zumindest ein sexuelles Problem aufweisen, da sonst oft die Bereitschaft von Patient:innen mit CSBD, offen über ihre Sexualität zu sprechen, gering bleibt. Somit hängt die Entscheidung, ob ein Einzel- oder Gruppentherapie-Setting gewählt wird – oder auch eine Kombination von Einzel- und Gruppentherapie (wie z.B. bei dem o. g. Ansatz von Braun-Harvey und Vigorito 2016) – häufig von den individuellen Wünschen des:der Patient:in ab, aber auch von den örtlichen Angeboten und Kapazitäten.

In aller Regel kann die Behandlung ambulant durchgeführt werden. Nur in seltenen Fällen – insbesondere bei komplexeren komorbiden psychischen Störungen, bei akuter Suizidalität oder wenn eine vorübergehende Herauslösung aus dem gewohnten Lebensumfeld notwendig erscheint – ist eine stationäre Behandlung zu erwägen. Allerdings gibt es nur wenige stationäre Angebote für Patient:innen mit CSBD, am ehesten in Kliniken mit spezialisierten Behandlungsangeboten für Verhaltenssüchte. Die Dauer einer ambulanten Behandlung hängt von der Schwere und Chronifizierung der Symptomatik, allgemeinen sozialen und psychischen Ressourcen und

10.1 Psychotherapie und andere psychosoziale Behandlungsmaßnahmen

Defiziten der Person und der Bedeutung komorbider Störungen ab. Häufig kann schon mit einer Kurzzeittherapie (z. B. über etwa 25 Stunden) eine deutliche Abnahme der Symptomatik und Verbesserung der Kontrollfähigkeit über das sexuelle Verhalten und Abnahme des Leidensdrucks erreicht werden. Dafür sprechen auch die oben referierten Studien zur Wirksamkeit von KVT/ACT-Ansätzen. Bei schweren und über viele Jahre chronifizierten Verläufen, Komorbidität mit Persönlichkeitsstörungen oder – häufig lange bestehenden – Angst- und depressiven Störungen ist jedoch aus klinischer Erfahrung oft eine Langzeittherapie notwendig, um die tieferen Hintergründe, intrapsychischen und interpersonellen Konflikte und strukturellen Defizite bearbeiten und damit einem anhaltenden Rückfall in alte Verhaltensmuster der CSBD vorbeugen zu können (empirische Studien gibt es allerdings dazu bisher leider nicht). Viele dieser:diese Patient:innen – aber auch solche mit einer Kurzzeittherapie – profitieren sehr von einer niederfrequenten Nachsorge zur Rückfall-Prophylaxe (siehe weiter unten in diesem Kapitel).

Zur Selbsthilfe und zum Therapieeinstieg sind Ratgeber und Behandlungsprogramme – im Sinne einer Bibliotherapie – für Betroffene publiziert worden. Das kognitiv-verhaltenstherapeutisch ausgerichtete, leider nur auf Englisch vorliegende Selbsthilfe-Manual von Sbraga und O'Donohue (2003) umfasst umfangreiches Material zur Selbstbearbeitung mit Verhaltensanalysen, Abschätzung der Vor- und Nachteile des sexuellen Verhaltens wie auch einer etwaigen Behandlung, Formulierung von lang- und kurzfristigen Zielen, Analyse von kognitiven Verzerrungen und Verhaltensketten, alternativen Handlungsmöglichkeiten, Übungen zur Emotionsregulation, Förderung von Empathie, sozialen Kompetenzen und einer befriedigenden Sexualität, Analyse und Bewältigung von Risikosituationen sowie Rückfallvermeidung. Dieses Arbeitsbuch kann zu einer ersten Auseinandersetzung beispielsweise in Vorbereitung oder während der Wartezeit auf eine Psychotherapie, aber auch parallel dazu angewendet werden. Wirksamkeitsnachweise für die Anwendung dieses Selbsthilfe-Manuals liegen nicht vor. Es scheint am ehesten für Personen mit relativ guten kognitiven Ressourcen geeignet, bei einer

10 Therapie

ausgeprägteren Symptomatik reicht die alleinige Selbstbehandlung mit Hilfe einer solchen Anleitung wahrscheinlich nicht aus. Hingegen erscheinen erste Erfahrungen und empirische Daten bzgl. eines Internet-basierten, interaktiven Behandlungsprogramms erfolgversprechend (siehe weiter oben in diesem Kapitel, Hallberg et al. 2020).

10.1.5 Konzept eines schrittweisen, integrativen Behandlungsprogramms

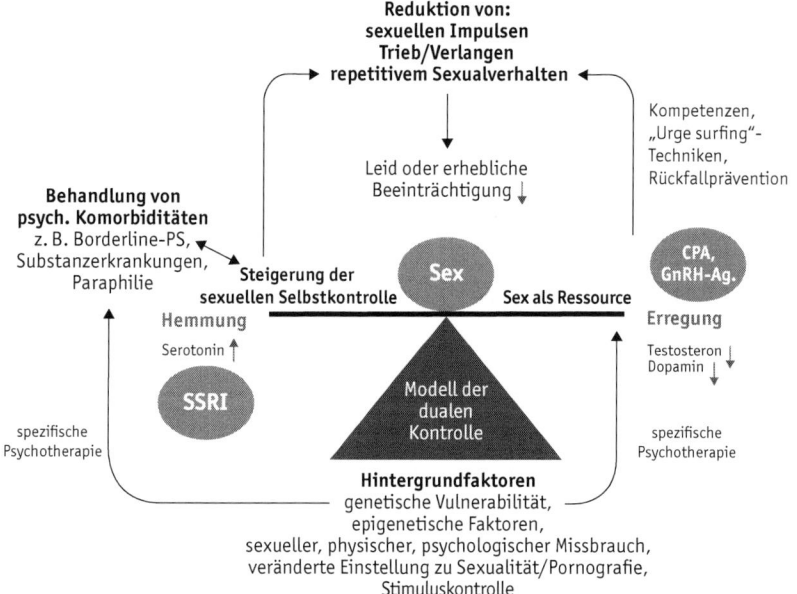

Abb. 10.1: Integriertes Modell der Behandlung von CSBD
(Darstellung nach Briken 2020a, S. 401, basierend auf Bancroft und Janssen 2003, Perelman 2009, Pfaus 2009)
PS = Persönlichkeitsstörung;
CPA = Cyproteronacetat;
GnRH-Ag. = Gonadotropin-Releasing-Hormon-Agonist

10.1 Psychotherapie und andere psychosoziale Behandlungsmaßnahmen

Aufgrund der Erklärungsmodelle und empirischen Befunde zur Entwicklung und Behandlung einer CSBD und den klinischen Erfahrungen der Autor:innen dieses Buches erscheint ein flexibles, die individuellen Bedürfnisse und Ressourcen der Betroffenen berücksichtigendes Vorgehen in mehreren Schritten erfolgversprechend und praktikabel (vgl. Briken 2020a; Briken und Basdekis-Jozsa 2010). Dieses integrierte Behandlungskonzept greift das in ▶ Kap. 7 erläuterte Erklärungsmodell auf, das auf dem Dual Control Model und dem Tipping-Point-Modell basiert (▶ Abb. 10.1). Übergeordnetes Ziel ist es, das Ungleichgewicht zwischen sexueller Hemmung bzw. Kontrolle und sexueller Erregbarkeit in ein flexibleres, funktionaleres Gleichgewicht zurückzuführen. In dieses Therapiekonzept sind medikamentöse Behandlungsoptionen (▶ Kap. 10.2) integriert, die eine Psychotherapie unterstützen können. Psychotherapeutisch lassen sich – auch abhängig von der therapeutischen Ausrichtung und Qualifikation des:der Therapeut:in – Elemente und Techniken aus kognitiv-verhaltenstherapeutischen, ACT-, Motivationsförderungs- und psychodynamischen Ansätzen anwenden und kombinieren.

Die Behandlung von Patient:innen mit einer CSBD lässt sich in vier Phasen unterteilen, wobei es dabei zu zeitlichen Überlappungen und Wiederholungen früherer Therapieinhalte, z. B. nach einem Rückfall in alte Verhaltensmuster, kommen kann (▶ Tab. 10.2). Ein zu rigides, schematisches und manualisiertes Vorgehen wird den unterschiedlichen Verläufen nicht gerecht und kann sich kontraproduktiv auswirken. In einzelnen, unkomplizierten Fällen – oder bei fehlendem Interesse für eine tiefergehende Therapie – kann sich die Behandlung auf die ersten beiden Schritte beschränken.

Tab. 10.2: Behandlungsphasen

Behandlungsphasen	Inhalte, Ziele und Techniken
1. Phase	• Umfassende biografische, somatische, psychiatrische und Sexualanamnese • Klärung und Förderung der Motivation und Änderungsbereitschaft (z. B. mittels motivationaler Gesprächsführung) • Psychoedukation • Klärung und Priorisierung der Therapieziele • Funktionsanalyse des problematischen sexuellen Verhaltens • Stimuluskontrolle und -reduktion, z. B. mit Hilfe von Filter- und Blocking-Software • Ggf. medikamentöse Behandlung

2. Phase	• Verbesserung der Kontrolle über sexuelles Verhalten, z. B. »Urge Surfing« mit wiederholtem Aufschieben oder Unterbinden von sexuellem Verhalten
	• Entwicklung und Etablierung von funktionalen Bewältigungsstrategien für die zugrunde liegenden Probleme, Bedürfnisse und Konflikte, z. B.:
	  – Verbesserung der Emotionsregulation, v. a. bzgl. Selbstwert, Wut, Ärger und Langeweile
	  – Verbesserung sozialer Kompetenzen, Selbstsicherheitstraining
	  – Verbesserung von Problemlösestrategien
	  – Konstruktive Bearbeitung von Rückfällen sowie Scham- und Schuldgefühlen
	  – Förderung von Selbstwirksamkeit

Tab. 10.2: Behandlungsphasen – Fortsetzung

Behandlungsphasen	Inhalte, Ziele und Techniken
3. Phase	• Vertiefung der bisher erreichten Therapiefortschritte • Bearbeitung von Intimitätswünschen und -defiziten • Ggf. Einbeziehung des:der Partner:in • Behandlung von komorbiden Störungen (z. B. sexuelle Funktionsstörungen, affektive oder Angststörungen), ggf. sexualtherapeutisch (z. B. Sensate-Fokus-Übungen) und medikamentös • Wiederaufbau bzw. Verbesserung sozialer Beziehungen • Bearbeitung von persönlichkeitsstrukturellen Defiziten, z. B. anhand der Analyse von Übertragungs- und Gegenübertragungsprozessen
4. Phase	• Ggf. Rückfall-Prophylaxe und Konsolidierung der Verhaltensänderungen • Ggf. Erstellung eines Rückfallvermeidungs- und managementplans • Aufbau eines Unterstützungsnetzes (Angehörige, Freunde, Selbsthilfegruppen) • Klärung von weiterem Therapiebedarf • Ggf. niederfrequente therapeutische Begleitung (Nachsorge)

Erste Behandlungsphase

Am Beginn der ersten Behandlungsphase steht die Klärung und Förderung der Motivation für eine Änderung des problematischen sexuellen Verhaltens. Die Änderungsbereitschaft ist insbesondere bei Patient:innen, die zunächst auf Druck von Dritten, z. B. Partner:innen oder Arbeitgeber:innen, zu einer Therapie »geschickt« werden, oft ambivalent oder brüchig. Hier gilt es, mit der Person zu erarbeiten, welche Anteile und Folgen ihres Verhaltens sie für sich selbst und welche sie für andere als problematisch und belastend erlebt und wo sie einen Veränderungsbedarf sieht. Der:die Patient:in wird – im Rahmen einer Psychoedukation – über die verschiedenen Formen einer CSBD, mögliche generelle wie auch individuelle Ursachen und die unterschiedlichen therapeutischen Optionen (verschiedene Psychotherapie-Ansätze und -Settings, medikamentöse Behandlung, technische Hilfsmittel, Selbsthilfegruppen) aufgeklärt.

Gerade am Anfang der Therapie können Strategien und Techniken der motivierenden Gesprächsführung (englisch: Motivational Interviewing) hilfreich sein, die Anfang der 1990er Jahre von William R. Miller und Stephen Rollnick entwickelt und zunächst v. a. bei süchtigen Verhaltensweisen angewendet wurden (Miller und Rollnick 2015). Dieser Therapieansatz basiert auf einem Modell für Veränderungsprozesse von Prochaska und DiClemente (2005). Demnach lassen sich fünf Phasen mit unterschiedlichen Niveaus der Bereitschaft zur Veränderung (englisch: Readiness to change) beschreiben: (1) Präkontemplation, (2) Kontemplation, (3) Vorbereitung, (4) Handlung und (5) Erhaltung. Häufig ist ein Oszillieren zwischen diesen Phasen statt eines reibungslosen Durchlaufens zu beobachten. So können Menschen in der Handlungsphase für eine gewisse Zeit in die Kontemplation (auch Phase der Absichtsbildung genannt) zurückkehren und sich von dort auf die Präkontemplation zurückziehen oder sich wieder in Richtung Handlung bewegen. Das Konzept der motivierenden Gesprächsführung nach Miller und Rollnick (2015) geht davon aus, dass z. B. eine süchtige Person jeweils gute Gründe für und gegen den Konsum hat sowie Vor- und Nachteile einer Veränderung des Konsumverhaltens antizipiert. Die erste Phase der motivierenden Gesprächsführung dient dem Aufbau von Veränderungsbereitschaft, die zweite Phase der Stärkung der Selbstverpflichtung (englisch: Commitment) mit Formulierung konkreter Ziele und Veränderungspläne. In der ersten Phase versucht der:die Therapeut:in, die Bewusstmachung von Vor- und Nachteilen sowohl einer Beibehaltung als auch einer Änderung des problematischen Verhaltens zu fördern, was zu einer Ambivalenz und einem inneren Konflikt bei der Person führt. Ein direktes Drängen, Konfrontieren und Argumentieren in Richtung einer Veränderung des Konsums wird als kontraproduktiv angesehen, da es vorrangig Widerstand hervorruft. Wesentlich ist dabei, dass der:die Betroffene selbst die Argumente erkennt, anstatt von Außenstehenden zu einer Verhaltensänderung überredet zu werden. Die motivierende Gesprächsführung folgt fünf Prinzipien: Empathie zeigen, Diskrepanz erzeugen, flexibler Umgang mit Widerstand (englisch: Roll with Resistance), Selbstwirksamkeit stärken sowie Vermeidung von direkter Beweisführung/Argumentieren. Beim Erzeugen von Diskrepanz – d. h. der Entwicklung und Wahrnehmung des inneren Konflikts – wird mit Hilfe von gezielten, offenen Fragen die Person dabei unterstützt, eine kognitive Dissonanz zu entwickeln, d. h. zu erkennen, dass ihr momentanes Verhalten im Widerspruch zu wichtigen eigenen Zielen und Vorstellungen für die Zukunft steht (sog. »Change Talk«).

Wenn eine ausreichende Motivation für eine Veränderung des problematischen sexuellen Verhaltens entwickelt worden ist, sind mit dem:der Patient:in die individuellen Therapieziele zu erarbeiten (▶ Kap. 10.1.2). Zur Abschätzung der schon vorhandenen Veränderungs- und Kontrollfähigkeit kann es hilfreich sein, mit der Person – wie in einem Test – ein konkretes Verhaltensziel für die Zeit bis zur nächsten Sitzung zu vereinbaren, z. B. Reduktion des Pornografiekonsums von bisher täglich zwei bis vier Stunden auf zweimal die Woche für eine Stunde. Die nachfolgende Analyse, wie weit, warum und mit welchen Mitteln dieses Ziel erreicht oder nicht erreicht wurde, erlaubt erste Aufschlüsse über Ressourcen sowie äußere und innere Widerstände und Hindernisse.

Zentraler Teil schon des ersten Behandlungsabschnitts ist die Analyse und das Verständnis des problematischen Verhaltens durch den:die Patient:in. Anhand von typischen Verhaltensweisen und Situationen sind länger- wie kurzfristige Vorläufer und Auslöser (Trigger) – auf sozialer, kognitiver, emotionaler oder somatischer Ebene – und erleichternde wie auch hemmende Faktoren (wie Alkohol- oder Drogenkonsum, Zugang zu Pornografie oder Kontakte mit einzelnen Personen oder einer Peergroup, die das problematische Sexualverhalten verstärken) zu identifizieren. Dies kann sowohl im Rahmen von kognitiv-verhaltenstherapeutischen als auch tiefenpsychologischen oder systemischen Therapieansätzen erfolgen. Dabei ist auf die Rolle von positiven Verstärkern (z. B. unmittelbar

10 Therapie

durch die sexuelle Erregung und den Orgasmus, aber auch durch Selbstbestätigung der sexuellen Attraktivität und Potenz, Erleben von Zuwendung und körperlicher Nähe) als auch negativen Verstärkern (z. B. Abnahme von Depressivität, Langeweile, Angst, Ärger und Wut, Einsamkeit oder Ausweichen/Ablenkung bzgl. beruflicher Aufgaben und Überforderungsgefühlen) zu achten. Für manche Patient:innen ist es hilfreich, diese individuelle Funktionsanalyse zu verschriftlichen bzw. grafisch darzustellen, um darauf im Verlauf und nach der Therapie zurückgreifen und sie ggf. ergänzen oder korrigieren zu können (für ein Beispiel einer solchen schriftlichen Verhaltensanalyse in Tagebuchform siehe Briken 2020a). Bei einer solchen Funktionsanalyse wird auf die jeweils passenden bzw. seitens des:der Therapeut:in herangezogenen allgemeinen Erklärungsmodelle zurückgegriffen. Dabei wird oft die Rolle komorbider psychischer Störungen deutlicher und kann für die weitere Behandlung spezifischer berücksichtigt werden.

Für das Verständnis von sog. distalen, tiefer verwurzelten oder bisher un- oder vorbewussten Ursachen und Einflussfaktoren auf die CSBD und damit in Verbindung stehende Persönlichkeitsstrukturen, von inneren wie zwischenmenschlichen Konflikten und von funktionalen wie dysfunktionalen Bewältigungs- und Abwehrmechanismen ist eine genaue biografische, Sexual- und Beziehungs- sowie somatische und psychiatrische Anamnese notwendig (► Kap. 8). Diese ist für die Patient:innen zudem hilfreich, weil sie sich in der Kommunikation mit dem:der Therapeut:in nicht nur auf die oft scham- und schuldbesetzte CSBD reduziert, sondern sich ganzheitlicher – auch in ihren Stärken und Ressourcen sowie anderen als den sexuellen Problemen und Wünschen – wahrgenommen fühlen. Dabei ist jedoch darauf zu achten, nicht die zur Behandlung führenden Probleme aus den Augen zu verlieren. Eine umfassende Anamnese ist außerdem für die Priorisierung verschiedener Therapieziele und die Planung möglicher anderer, späterer oder vorrangig durchzuführender Behandlungen wichtig.

Um das problematische Verhalten zu verringern und die Kontrolle darüber zu verbessern, sind häufig zu Beginn – aber manchmal auch

10.1 Psychotherapie und andere psychosoziale Behandlungsmaßnahmen

langfristig – ein äußerer Schutz bzw. äußere Kontrollmechanismen und Hürden bzgl. des Zugangs zu sexuell stimulierendem Material oder Kontakten hilfreich. Das Internet mit sehr leichtem, unbegrenztem, anonymem und kostengünstigem Zugang zu sexuellen Materialien und Kontakten kann CSBD-Symptome verstärken (▶ Kap. 1 und ▶ Kap. 7). Zur besseren Kontrolle bzw. Beschränkung dieser Stimulusquellen können Filter- oder Blocking-Software-Programme für digitale Geräte (Computer, Laptops, Tablets, Smartphones) abgestimmt auf die individuellen Risiken und Bedürfnisse des: der Patient:in installiert werden, z.B. zur Blockade des Zugangs zu Internet-Pornografie- oder Sex-Dating-Portalen oder zur Begrenzung der Nutzungszeit solcher Inhalte. Solche Programme sind häufig in sog. Kinder- bzw. Jugendschutz-Software enthalten. Die Kommission für Jugendmedienschutz bietet eine Liste geeigneter Programme an[2]. Die dabei i.d.R. notwendigen Passwörter und Administratorenrechte sollten für den:die Patient:in möglichst schwer zugänglich sein, z.B. am Arbeitsplatz oder bei Angehörigen oder Freunden deponiert oder von diesen eingerichtet werden. Anhand eines Analogie-Beispiels, das für viele Betroffene leicht nachzuvollziehen ist, kann der Zweck einer solchen Maßnahme veranschaulicht werden: Für eine alkoholabhängige Person wäre es wahrscheinlich sehr schwer, ihren Alkoholkonsum einzustellen oder zu verringern, wenn sie zu Hause für eine Flatrate von weniger als 20 Euro monatlich aus verschiedenen Hähnen im heimischen Wohnzimmer unbegrenzt Bier, Wein und Spirituosen zapfen könnte. Alternativ zu Filter- und Blocking-Software können Computer/Laptops nur an Orten aufgestellt und genutzt werden, die für andere (z.B. Familienangehörige) einseh- und kontrollierbar sind (z.B. im Wohnzimmer). Bei solchen Strategien kann die Einbeziehung von Partner:innen oder anderen dritten Personen hilfreich sein. Dabei sind jedoch mögliche Nachteile wie Delegation der Verantwortung und Kontrolle an andere, Steigerung von Ab-

---

2 https://www.kjm-online.de/aufsicht/technischer-jugendmedienschutz/entwicklungsbeeintraechtigende-angebote/jugendschutzprogramme/ (Zugriff am 26.01.2023)

hängigkeits-, Selbstbestrafungs- und Unterwerfungstendenzen des: der Patient:in zu bedenken.
Zur Förderung der inneren sexuellen Kontrolle bzw. Abnahme der sexuellen Erregbarkeit kann in dieser Phase auch eine medikamentöse Behandlung in Betracht gezogen werden (▶ Kap. 10.2).
In einigen Behandlungsprogrammen – z.b. im Kontext von Suchtkonzepten – und daran orientierten Selbsthilfegruppen (wie »Anonyme Sexsüchtige«, »Anonyme Sex- und Liebessüchtige«) wird zumindest zu Beginn der Therapie eine längere Phase sexueller Abstinenz vorgeschlagen unter der Annahme, dass die Unterbindung jeglicher sexueller Aktivitäten zu einer Herabregulierung des sexuellen Reaktionssystems führt und der Alltag entsexualisiert wird. Empirische Daten zur Wirksamkeit und Notwendigkeit sexueller Enthaltsamkeit liegen jedoch nicht vor (Stark und Wehrum-Osinsky 2016, S. 46). Nach der klinischen Erfahrung der Autor:innen des vorliegenden Buches ist dieser am ehesten einem Suchtverständnis folgende Abstinenz-Ansatz i.d.R. nicht sinnvoll und realistisch und widerspricht dem einer Sex-positiven Haltung und auch der Entwicklung einer individuellen Nutzung von Sexualität als Ressource. Zudem kann ein Scheitern an solchen hochgesteckten Zielen Scham- und Schuldgefühle verstärken und das oft schon primär geringe Selbstwirksamkeitserleben weiter schwächen. Dies bedeutet jedoch nicht, dass – wie oben beschrieben – individuell vereinbarte, kurzfristige Phasen mit Verzicht oder deutlicher Reduktion von bestimmten sexuellen Verhaltensweisen oder aber das Einhalten bestimmter Grenzen sinnvoll und notwendig sein können.

Zweite Behandlungsphase

In der zweiten Phase geht es zum einen um die Verbesserung der eigenen, psychischen Kontrollfähigkeit des:der Patient:in über die Sexualität. Dazu können Techniken wie das o. g. »Urge Surfing« mit wiederholtem Aufschieben oder Unterbinden von sexuellem Verhalten eingeübt werden. Zum anderen sind – abhängig von den Ergebnissen der Verhaltens- und Funktionsanalyse – in diesem Be-

10.1 Psychotherapie und andere psychosoziale Behandlungsmaßnahmen

handlungsabschnitt neue, adäquate Wege zur Bewältigung der zugrundeliegenden Probleme und Bedürfnisse zu entwickeln und einzuüben. So kann es bei zugrundeliegender Depressivität um die Verbesserung des Selbstwertgefühls und der Emotionsregulation gehen, ggf. kann dazu ein Antidepressivum unterstützend eingesetzt werden. Bei im Vordergrund stehenden sozialen Ängsten, mit Vermeidung von Intimbeziehungen durch Rückzug in Pornografiekonsum, kann die Förderung sozialer Kompetenzen und Selbstsicherheitstraining relevanter sein. Bei Nutzung sexueller Aktivitäten zum Abbau von häufig abgewehrter, abgespaltener Wut und von Ärger können wiederum Strategien und Techniken zur Wahrnehmung, Differenzierung und Regulation von solchen Emotionen notwendig sein. Beim Ausweichen vor beruflichen oder familiären Aufgaben stehen das Erlernen und Einüben von Problemlöse-Skills und der Abbau von Vermeidungsverhalten im Vordergrund. Nicht selten dient das zwanghafte sexuelle Verhalten als dysfunktionaler Bewältigungsversuch von mehreren, unterschiedlichen Emotionen und Konflikten, die dann parallel oder sequenziell zu bearbeiten sind. Auch hier ist es hilfreich, die Themen zu gewichten bzw. zu priorisieren. Die Verhaltens- und Funktionsanalysen sind im Laufe der Behandlung – z.B. bei zu erwartenden und als »normal« bzw. nicht als ungewöhnlich zu adressierenden Rückfällen in alte Verhaltensmuster – zu ergänzen oder zu korrigieren. Nicht nur dabei ist es wichtig, dem: der Patient:in immer wieder die schon erreichten Fortschritte zu vergegenwärtigen und Zuversicht und Selbstwirksamkeit zu fördern. Gerade bei Rückfällen gilt es immer wieder, die dabei sich oft verstärkt manifestierenden Scham- und Schuldgefühle, Rückzugs- und Vermeidungstendenzen, Resignation und Hoffnungslosigkeit, manchmal aber auch Verleugnung und Bagatellisierung anzusprechen und zu bearbeiten. Rückfälle sollten also nicht dramatisiert, sondern als Übungsfeld zur Überprüfung und Anpassung bisheriger Strategien angesehen werden (vgl. Stark und Wehrum-Osinsky 2016).

Ob die erläuterten Themen eher kognitiv-verhaltenstherapeutisch oder psychodynamisch oder mittels anderer therapeutischer Techniken bearbeitet werden, ist aus der klinischen Erfahrung der Autor:innen dieses Buches zweitrangig. Allerdings liegen Evidenznachweise bisher nur für kognitiv-verhaltenstherapeutische Ansätze vor (siehe weiter oben in diesem Kapitel).

Dritte Behandlungsphase

Wenn eine Besserung der CSBD-Symptomatik erreicht und funktionalere Bewältigungsmechanismen entwickelt und gefestigt worden sind – was Rückfälle selbstverständlich nicht ausschließt –, geht es in einem weiteren Schritt oft um die Bearbeitung von Intimitätswünschen und -defiziten und die Entwicklung einer befriedigenden, »gesunden« Sexualität und entsprechenden Intimbeziehungen, wobei auch hier sich der:die Therapeut:in vor dem eigenen Wertesystem entspringenden, normativen Bewertungen hüten sollte. Manchmal werden erst in diesem Behandlungsschritt tiefergehende, persönlichkeitsstrukturelle Defizite und Konflikte sichtbar, oder auch bis dahin schwer erkennbare sexuelle Funktionsstörungen, z.B. eine Erektionsstörung oder eine Orgasmusstörung beim Geschlechtsverkehr, die zuvor – im Rahmen einer ausschließlich praktizierten Masturbation – nicht manifest geworden waren. In diesem Behandlungsabschnitt sind oft sexualtherapeutische und -medizinische Interventionen sinnvoll, aber auch die vertiefte Förderung sozialer Kompetenzen und die Unterstützung bei der adäquaten Aufnahme und Gestaltung von neuen oder bestehenden Intimbeziehungen. Dies kann z.B. Übungen zur Förderung der Körperwahrnehmung nach dem Sensate-Focus-Prinzip, auch im Einzelsetting, beinhalten (Hauch 2019, vgl. auch das o. g. Therapieprogramm der Arbeitsgruppe von Hallberg et al. 2019; Hallberg 2019). Soweit nicht schon vorher thematisiert, ist an diesem Punkt der Schutz vor sexuell übertragbaren Krankheiten und ungewollten Schwangerschaften (sog. »Safer-Sex«-Praktiken) zu adressieren. Ebenso können religiöse bzw. kulturelle sexuelle Normen und Erwartungen hier erneut in den Fokus der Behandlung rücken, z.B. der Umgang mit homo- und bisexuellen Wünschen oder ein Interesse für besondere sexuelle Praktiken.

10.1 Psychotherapie und andere psychosoziale Behandlungsmaßnahmen

Neben der Unterstützung bei der Entwicklung befriedigender Sexualität und von Intimbeziehungen geht es in diesem Behandlungsschritt auch umfassender um die Förderung sozialer Beziehungen. Häufig haben die Patient:innen im Verlauf der CSBD nicht nur Intim-, sondern weitergehend soziale Beziehungen zu Freund:innen, Angehörigen, Bekannten oder Kolleg:innen vernachlässigt. Dabei haben oft Scham- und Schuldgefühle eine Rolle gespielt, die bei der Wiederaufnahme sozialer Kontakte reaktiviert werden und zu bearbeiten sind. Mit den Patient:innen sollten konkrete Kontaktmöglichkeiten (z.B. Verabredungen mit früheren Freund:innen oder Kolleg:innen, Wiederaufnahme von Sportaktivitäten mit anderen) und mögliche innere und äußere Hemmnisse und Widerstände besprochen werden. Hier können wiederum Techniken zur Verbesserung sozialer Kompetenzen eingesetzt werden.

Wenn die CSBD-Symptome reduziert worden sind, sich die psychosoziale Situation insgesamt stabilisiert hat und Gefühle von Scham und Schuld, innerer Leere, Einsamkeit, Traurigkeit und Wut besser toleriert und bewältigt werden, werden oft erst in diesem Therapieabschnitt tiefer zugrundeliegende Affekte, teilweise unbewusste Motive und intrapsychische Konflikte thematisierbar. Diese können dann auf dem Boden einer stabilen, vertrauensvollen und belastbaren therapeutischen Beziehung bearbeitet werden. Dazu sind psychodynamische Konzepte und Techniken der Analyse von Abwehrmechanismen und Übertragungs- und Gegenübertragungsprozessen zwischen Patient:in und Therapeut:in besonders geeignet. Eine solche längere und vertiefte Behandlung wird im Fallbeispiel von Herrn T. beschrieben (▶ Fallbeispiel 8). Häufig genügen jedoch auch kürzere Behandlungen, um eine ausreichende und stabile Abnahme der CSBD-Symptomatik zu erzielen, insbesondere wenn persönlichkeitsstrukturelle Defizite nicht im Vordergrund stehen (▶ Fallbeispiel 2a und 2b von Herrn D.).

Vierte Behandlungsphase

Der letzte Behandlungsabschnitt beinhaltet die Festigung und den Erhalt der erreichten Fortschritte und ggf. die Erstellung eines Rückfallvermeidungs- und Rückfallmanagement-Plans. Dafür sollten nochmals die individuell relevanten Risikosituationen und adäquate Bewältigungsstrategien vergegenwärtigt werden. In manchen Programmen wird dies wiederum verschriftlicht, z. B. auf sog. Risiko- und Coping-Karten, die der:die Patient:in bei sich tragen soll (▶ Tab. 10.3, siehe Sbraga und O'Donohue 2003). Unterschieden wird dabei zwischen Vermeidungs-, Kontroll- und Fluchtstrategien. Für ein Beispiel einer solchen Karte eines:einer Patient:in ▶ Abb. 10.1 (▶ Fallbeispiel 2a und 2b von Herrn D.).

Zu überlegen ist daneben, wo die Person für die Zeit nach Ende der Psychotherapie Unterstützung finden kann. Dies können Selbsthilfegruppen sein, die sich mittlerweile in vielen Städten etabliert haben, auch für Angehörige von Betroffenen. Informationen finden sich leicht im Internet[3]. Allerdings fehlt bisher die empirische Basis für eine Empfehlung in diese Richtung. Mit dem:der Patient:in sollte zudem konkret besprochen werden, in welchen Situationen er:sie sich wieder an den:die Therapeut:in oder eine entsprechende andere Stelle (z. B. in Notfallsituationen eine psychiatrische Aufnahme) wenden sollte, z. B. nach einem längeren oder gravierenden Rückfall in problematische sexuelle Verhaltensmuster, aber auch in anderen kritischen Situationen. Gerade nach erfolgreichen Behandlungen ist die Scham nach einem Rückfall manchmal so groß, dass sie eine erneute Kontaktaufnahme zur:zum Therapeut:in erschwert. Falls Partner:innen oder andere Personen schon in die Therapie miteinbezogen wurden, kann darauf bei der Entwicklung eines Rückfall-Vermeidungs- und Management-Plans zurückgegriffen werden. Ei-

---

3 z. B. Anonyme Sexaholiker (AS, www.anonyme-sexsuechtige.de), Sex and Love Addicts Anonymous (SLAA, www.slaa.de) oder Sexual Compulsives Anonymous (SCA, www.sca-berlin.org); für Angehörige z. B. S-Anon Deutschland (www.s-anon.de)

nige Patient:innen profitieren von einer langfristigen niedrigfrequenten Begleitung, im Sinne einer Rückfall-Prophylaxe, mit z. B. Sitzungen alle 4–12 Wochen. Eine solche langfristige Behandlung kann nach klinischer Erfahrung der Autor:innen besonders bei schweren und chronischen Verläufen einer CSBD und bei stärkeren strukturellen Defiziten des:der Betroffenen hilfreich sein.

In dieser letzten Behandlungsphase ist außerdem nochmals der Bedarf für weitere Behandlungen von beispielsweise komorbiden Störungen (z. B. Persönlichkeitsstörungen, rezidivierenden Depressionen, sozialer Phobie) oder tiefergehenden Paarkonflikten (z. B. im Rahmen einer Paartherapie) einzuschätzen. Dies gilt auch für die Fälle, in denen eine dauerhafte medikamentöse Behandlung indiziert ist. Gerade Patient:innen mit größeren psychosozialen oder kognitiven Defiziten benötigen für die Suche und Aufnahme geeigneter Maßnahmen aktive Unterstützung.

Einen längeren, komplexen Behandlungsverlauf mit Nachsorge veranschaulicht die Fallgeschichte Herrn T.s.

Fallbeispiel 8: Herr T.
Der zu Beginn der Therapie 33-jährige, ledige und kinderlose Herr T. lebte allein als homosexueller Single und arbeitete vollzeitig als Wirtschaftsingenieur. Nachdem er seine Alkoholabhängigkeit erfolgreich – u. a. mit Hilfe einer Selbsthilfegruppe – überwunden hatte, suchte er therapeutische Hilfe wegen einer »Sexsucht«. Seit seiner Pubertät sei diese in verschiedenen Ausprägungen ein Thema gewesen, in den letzten Jahren durch exzessiven Konsum von Internetpornografie (ca. 15–20 Std. pro Woche), anonyme Sex-Dates und häufige Besuche bei, wie er sagt, »Strichern«, wofür er sich verschuldet habe. Zudem beschämten ihn die z. T. demütigenden sexuellen Praktiken, die er dabei suche, aber erst nach einigen Therapiesitzungen sich zu schildern traute. Manchmal verzichte er auf Safer-Sex und benutze kein Kondom. Er bemerke »Entzugserscheinungen«, wenn er nur ein bis zwei Tage auf Sex verzichte. Abende, an denen er allein Pornos auf dem Computer anschaue, ziehe er Kontakten mit Menschen vor. Sein Idealbild von

Männern sei durch den Konsum von professioneller Hochglanzpornografie eingeengt auf extrem gutaussehende, athletische, »potente«, heterosexuell wirkende Männer, die er aber in der Realität für nicht erreichbar halte. Auf Beziehungen könne er sich nicht mehr einlassen, diese seien bisher immer in Trauer und Schmerz geendet. Er habe viele Beziehungen zerstört, um sich wieder Pornografie oder flüchtigen Sexualkontakten zuwenden zu können. Zudem habe er seine Hobbies (Gitarre spielen, Volleyball) und Freundschaften vernachlässigt und fühle sich zunehmend vereinsamt. Aufgrund seiner Scham für sein Verhalten könne er sich mittlerweile nicht mehr vorstellen, sich gegenüber einem Partner zu öffnen. Er sei oft depressiv, perspektiv- und hoffnungslos. Manchmal sei es ihm egal, ob er sich mit HIV oder einer anderen »Geschlechtskrankheit« infiziere und sich zugrunde richte. Gleichzeitig setze er große Hoffnung darin, dass er jetzt mit dem Therapeuten auch diese Sucht überwinden werde.

Herr T. wuchs als viertes von fünf Kindern in einer sehr christlich geprägten Familie in dörflichen Verhältnissen auf. Die Eltern seien beide sehr fürsorglich, aber auch leistungsorientiert. Der Patient beschrieb seine Kindheit zunächst als eine glückliche, »heile Welt«. Erst im weiteren Verlauf wurde deutlich, wie die beiden vollzeitig berufstätigen Eltern zeitlich und emotional mit den rasch aufeinander folgenden Kindern überfordert waren. Für emotionale Bedürfnisse Herrn T.s gab es wenig Raum. Schon früh suchte der selbst sehr attraktive Patient Bestätigung durch Sport und schulischen, später beruflichen Erfolg. Seine ausgeprägte Neugierde und Suche nach starken Impulsen (i. S. eines Sensation Seeking) befriedigte er in Risikosportarten, schnellen Autofahrten, aber auch Pornografiekonsum und früh beginnenden, anonymen homosexuellen Kontakten. Ab der Adoleszenz trank er vermehrt Alkohol. Seine Homosexualität verheimlichte er gegenüber der Familie und bis ins Erwachsenenalter auch gegenüber seinen gleichaltrigen Freunden und Bekannten. Nach dem Auszug aus dem Elternhaus und Studienbeginn ging er erste längere Intimbeziehungen mit gleichaltrigen, attraktiven und erfolgreichen

10.1 Psychotherapie und andere psychosoziale Behandlungsmaßnahmen

Männern ein, die oft von starker Konkurrenz gekennzeichnet waren. Er beschrieb eine Schlüsselszene, in der er von einer Party früher nach Hause ging und in der Nacht aufwachte, als sein damaliger Partner mit einem anderen Mann im Nachbarzimmer Sex hatte. Herr T. tat so, als würde er weiterschlafen, sprach den Vorfall nicht mit seinem Partner an und trennte sich nach wenigen Tagen aus vorgeschobenen, anderen Gründen.

In einem ersten Schritt wurden mit Herrn T. das selbstgefährdende und parasuizidal wirkende Verhalten bzgl. seiner ungeschützten sexuellen Kontakte besprochen und Behandlungsziele priorisiert. Eine weitergehende Psychoedukation und Motivationsklärung war bei Herrn T. nicht notwendig, weil er durch seine Erfahrungen in der Selbsthilfegruppe schon gut informiert und veränderungsmotiviert erschien. Er verpflichtete sich dazu, Safer-Sex-Praktiken anzuwenden, indem er bis zur Besserung der Symptomatik eine medikamentöse Prä-Expositions-Prophylaxe (sog. »Prep«) aufnahm und sich regelmäßig auf sexuell übertragbare Krankheiten testen ließ. Nachdem ihm die Umsetzung von mit ihm erarbeiteten Vereinbarungen, seinen Pornografiekonsum auf dreimal pro Woche max. eine Stunde und flüchtige Sexualkontakte über Internet-Kontakt-Portale auf max. einmal pro Woche zu reduzieren, nicht gelungen war, installierte er eine Filter- und Blocking-Software auf seinem Laptop und Smartphone. Da ihm Selbstbefriedigung mit eigenen Fantasien anfangs sehr schwerfiel, nutzte er zur Selbstbefriedigung eine kleine Anzahl von Pornovideos auf einer DVD. Damit konnte er leichter auf das früher exzessive Surfen im Internet verzichten.

Bei einer ersten Analyse seines problematischen Verhaltens zeigte sich, dass der Patient Sex zur Besserung seiner Stimmung und zur Kompensation seiner Unsicherheit gegenüber von ihm begehrten Männern und zur Vermeidung von Kontakten mit von ihm als erfolgreicher und attraktiver eingeschätzten Menschen generell einsetzte. Er begann, in einer Band Musik zu machen und in einem schwulen Sportverein Volleyball zu spielen, und zog in eine Wohngemeinschaft. Seine depressive Stimmung besserte sich deutlich. Weiterhin fiel es ihm aber schwer, sich auf einen längeren Kontakt mit einem Partner einzulassen, er fühlte sich rasch unterlegen oder nicht ausreichend beachtet und geliebt. Wiederholt kam es zu Rückfällen, bei denen er z. T. unmittelbar nach einer Therapiesitzung, in der adäquate Vermeidungs- und Bewältigungsstrategien bzgl. eines von ihm befürchteten Rückfalls besprochen worden waren, mehrfach hintereinander anonyme Sexkontakte in Pornokinos und mit Sexarbeitern suchte. Hier wurden in der Gegenübertragung beim Therapeuten Enttäuschung, Hilflosigkeit und Ärger erkennbar. Bei einer erneuten Analyse seines problematischen Verhaltens wurde deutlich, dass Herr T. sich einerseits mit Sex ablenkte, wenn er am Arbeitsplatz schwierigere Aufgaben zu meistern hatte, andererseits aber auch wenn er ärgerlich oder wütend darüber war, dass er nicht genügend Zuwendung und Aufmerksamkeit, sowohl von Vorgesetzten als auch von seinem Therapeuten, erlebte. Bei der vertieften Bearbeitung dieser Übertragungsprozesse und seiner Lebensgeschichte wurden dem Patienten dann die oben beschriebenen Erfahrungen in der Herkunftsfamilie von emotionaler Vernachlässigung, Zuwendung nur bei Erfüllung hoher Leistungsansprüche und bisher kaum wahrgenommener Wut bewusst. Herr T. schrieb Briefe an seine Eltern und sprach nachfolgend mit ihnen über sein Erleben. Dabei öffnete er sich auch hinsichtlich seiner homosexuellen Orientierung, die vorher in der Familie tabuisiert worden war. Gegenüber dem Therapeuten legte er seine bis dahin immer wieder demonstrierte, aber brüchige Pseudo-Souveränität ab. In diesem Abschnitt der Therapie konnten somit die tieferen Selbstwert-Konflikte, Versorgungswünsche und Selbstbestrafungsimpulse (im Rahmen der demütigenden Sexualpraktiken) sowie die aggressiven Anteile des problematischen sexuellen Verhaltens des Patienten bearbeitet werden.

Herr T. gelang es in Folge, seinen Pornokonsum auf ca. 30 Min. zweimal pro Woche zu reduzieren und anonyme Sexualkontakte mit ihn demütigenden Praktiken einzustellen. Über den Sport lernte er einen etwas jüngeren, attraktiven, sensiblen und fürsorglichen Mann kennen. Es wurden mit Herrn T. typische Gefährdungssituationen für Rückfälle bearbeitet und er erstellte Karten mit adäquaten Coping-Strategien. Er entschloss sich, die Filter- und Blocking-Software weiter installiert zu lassen und das Passwort seinem Partner zu überlassen, nachdem er diesem Teile seines problematischen Verhaltens – den Pornografiekonsum – offenbart hatte. Die eigentliche Therapie wurde nach ca. 60 Sitzungen beendet, zur Rückfallprophylaxe und Reflektion wichtiger Erlebnisse wurden Gespräche alle zwei Monate vereinbart.

Nach relativ kurzer Zeit zog Herr T. mit seinem Partner zusammen und das Paar entschloss sich, einen zweijährigen Jungen zu adoptieren. Nach der Adoption geriet Herr T. in eine Krise, fühlte sich von seinem Partner, der den Hauptteil der Versorgung des Kindes leistete, emotional und sexuell vernachlässigt und war durch Schlafmangel (in Folge der Betreuung des Sohnes) beruflich weniger leistungsfähig. Es kam zu einem Rückfall, bei dem der Patient im Rahmen einer Geschäftsreise mehrere flüchtige Sexualkontakte – aber mit Kondom – einging und voller Scham zunächst einen regulären Therapietermin abgesagt hatte. Er meldete sich jedoch eine Woche später, konnte den Rückfall schildern und mit dem Therapeuten analysieren. Daraufhin öffnete sich der Patient auch gegenüber dem Partner bezüglich seiner Wünsche nach mehr Zuwendung und Zärtlichkeit wie auch seiner teilweisen Überforderung in der Doppelrolle als Vater und Haupternährer der Familie, woraufhin sich die Beziehung vertiefte. Die niederfrequenten Therapiegespräche wurden über knapp zwei weitere Jahre fortgesetzt, ohne dass es zu einem erneuten, gravierenden Rückfall kam. Danach wurde vereinbart, dass sich Herr T. einer Selbsthilfegruppe für sexuell süchtige Männer anschließt und bei Bedarf wieder an den Therapeuten wenden kann.

Als Beispiel für einen kürzeren Therapieverlauf wird das Fallbeispiel von Herrn D. aufgegriffen (▶ Kap. 1):

Fallbeispiel 2b: Herr D.
Zur weiteren Vorgeschichte schilderte der 62-jährige, verheiratete Herr D. eine sehr ambivalente Beziehung zu seiner depressiven, ängstlichen und klagsamen Mutter, die ihn nicht ausreichend emotional versorgen konnte, während der autoritäre Vater wenig präsent gewesen sei. Verlustängste, unerfüllte Versorgungswünsche, Neid und Eifersucht wurden durch die Geburt der zwei Jahre jüngeren Schwester und »Abgeschoben-Werden« zu den Großeltern noch verstärkt. In der Kindheit versuchte Herr D.. seine Verlustängste, Wünsche nach Zuwendung und seine Minderwertigkeitsgefühle durch Selbstbefriedigung zu kompensieren, später kamen außereheliche Affären hinzu. Als Ressourcen waren künstlerische Kreativität, eine stabile berufliche Entwicklung, gemeinsame Freizeitinteressen mit der Ehefrau und ein guter Kontakt zum Sohn zu eruieren.

Im ersten Behandlungsabschnitt wurden mit Herrn D. – über einen positiven Ausgang des Disziplinarverfahrens hinausgehend – die Veränderungsmotivation geklärt und Therapieziele formuliert (Verbesserung der Kontrolle über Pornografiekonsum, Aufgabe der außerehelichen Kontakte, Wiederaufnahme von Intimität mit der Ehefrau, Verbesserung des Selbstwertgefühls). Es gelang Herrn D., mit Installation von Filtersoftware und dem Rückgriff auf einige wenige, auf sein Laptop heruntergeladene Pornofilme seinen Pornografiekonsum auf ca. einmal pro Woche zu reduzieren und keine Flirt-Portale mehr zu nutzen. Nach der Analyse der Funktion seines zwanghaften sexuellen Verhaltens konnte er Risikosituationen besser erkennen und alternative Bewältigungsmechanismen einsetzen, wobei ihm deren Verschriftlichung auf »Coping-Karten« half (▶ Abb. 10.1). Herr D. behielt nach Abschluss des Disziplinarverfahrens seinen Arbeitsplatz.

In einem zweiten Schritt konnte zwar die zunehmend erkennbare dysthym-gereizte Stimmung mit den Frustrationen in der

Lebensgeschichte des Patienten verknüpft und durch korrigierende Erfahrungen – von Zuwendung, Gehört- und Beachtet-Werden – in der therapeutischen Beziehung etwas gemildert werden. Sie war aber im Alltag für ihn wie auch für seine Ehefrau weiterhin so belastend, dass ein Behandlungsversuch mit einem Selektiven Serotonin-Wiederaufnahmehemmer (SSRI, hier Sertralin) unternommen wurde. Darunter stabilisierte sich die Stimmung des Patienten deutlich und der Drang nach dem problematischen sexuellen Verhalten sank weiter.

Im dritten Therapieabschnitt wurde Herrn D.s Ehefrau einbezogen, die sich zunächst skeptisch und zögerlich gegenüber solchen Paargesprächen zeigte. Durch nur zwei Gespräche waren beide Partner entlastet, konnten Selbstzweifel, Verletzungen, Ängste und Wünsche offener miteinander besprechen. Das Paar konnte sich wieder auf zärtliche Intimkontakte einlassen, wobei es Geschlechtsverkehr im engeren Sinne vermied. Die Ehefrau aufgrund eigener negativer Erfahrungen in ihrer Vorgeschichte, der Patient u. a. aufgrund von Versagensängsten im Rahmen seiner Erektionsstörung, die schon vor der Behandlung mit dem SSRI bestand. Diese konnte zwar durch eine medikamentöse Behandlung mit einem PDE-5-Inhibitor (Sildenafil) verbessert werden, der Patient setzte diese aber nur gelegentlich zur Selbstbefriedigung ein. Im Verlauf der Therapie beendete Herr D. auch seinen Nikotinkonsum und begann mit einer Gewichtsreduktion, was u. a. die Erektionsfähigkeit weiter verbesserte.

Herr D. profitierte ebenfalls von einer längeren Nachsorge mit niedrig-frequenten Terminen (einmal alle drei Monate) im vierten Behandlungsschritt. Diese dienten einerseits der Weiterverschreibung des SSRI, da Ausschleichversuche zu einer deutlichen Verschlechterung der Stimmung führten; andererseits konnten in den Sitzungen aktuelle, rückfallgefährdende Belastungen – z. B. Kränkungen und Frustrationen am Arbeitsplatz oder mit der Partnerin – bearbeitet werden. Zudem erlebte Herr D. diese Sitzungen als fortgesetzte, verlässliche und korrigierende Beziehungserfahrung mit dem Therapeuten für die in Kindheit und Ehe lange vermisste Aufmerksamkeit und emotionale Zuwendung. Schließlich konnte die Fortführung der medikamentösen Behandlung an den Hausarzt delegiert und die Therapie beendet werden.

Tab. 10.3: Coping-Karte für eine Hochrisiko-Situation von Herrn D. (nach Sbraga und O'Donohue 2003)

Hochrisiko-Situation	Mögliche Coping-Strategien
• Stimmung gedrückt, einsam, sehne mich nach Nähe und Aufmerksamkeit • Abends allein, alle schlafen • Hole ein Glas Wein • Gehe ins Internet und öffne Dating-Portal-Seite	• Gemeinsam mit meiner Frau ins Bett gehen • Spannende Lektüre lesen • Erinnere mich an das, was ich den Frauen in Affären und meiner Ehefrau angetan habe • Generell kein Alkoholkonsum am Computer

10.2 Medikamentöse Therapie

Peer Briken und Daniel Turner

Insbesondere in der Anfangsphase einer Behandlung einer CSBD oder im Rahmen des Risikomanagements hinsichtlich sexuell straffälligen Verhaltens ist der Einsatz von Medikamenten in drei Kernbereichen sinnvoll und häufig indiziert (Briken und Turner 2021; Turner et al., 2022):

- Zur Verbesserung der sexuellen Selbstkontrolle oder zur Verringerung der sexuellen Dranghaftigkeit

- Zur Behandlung komorbider psychiatrischer Störungen, für die eine Funktionalität oder ein Zusammenhang mit CSBD besteht
- Zur Behandlung einer Kombination von paraphilen Störungen mit CSBD.

Briken (2020a) hat vorgeschlagen, das duale Kontrollmodell als Ausgangspunkt für einen integrativen therapeutischen Ansatz bei CSBD zu verwenden (Briken 2020a). Das duale Kontrollmodell geht davon aus, dass der Mensch über ein biologisch verankertes und relativ unabhängiges Gleichgewicht von erregenden und hemmenden Faktoren verfügt, die die Sexualität beeinflussen (▶ Kap. 4 für eine Darstellung der neurobiologischen Korrelate dieses Modells). Diese Sichtweise kann durch soziale und psychologische Faktoren (z. B. auch intra-individuell) ergänzt oder das Modell erweitert werden. In Bezug auf CSBD kann sehr vereinfacht angenommen werden, dass erregende Faktoren gegenüber hemmenden Faktoren überwiegen. Dies kann mit verschiedenen biologischen Korrelaten (z. B. genetischen), distalen Erfahrungen (z. B. psychische Vernachlässigung oder sexueller Missbrauch), aber auch mit dem Vorliegen bestimmter komorbider Störungen zusammenhängen. So kann z. B. eine Borderline-Persönlichkeitsstörung, eine Aufmerksamkeitsdefizit-/Hyperaktivitätsstörung (ADHS) oder eine Autismus-Spektrum-Störung die Fähigkeit zur Selbstkontrolle beeinträchtigen (siehe z. B. Gregório Hertz et al. 2022; Schöttle et al. 2017), eine depressive Störung kann mit der Bewältigung negativer Emotionen durch den Einsatz sexuellen Verhaltens einhergehen (siehe z. B. Schultz et al. 2014) oder die sexuelle Dranghaftigkeit kann bei einer paraphilen Störung wie Exhibitionismus besonders stark sein (Levaque et al. 2022).

Nachfolgend werden die wichtigsten Ansätze zur medikamentösen Behandlung einer CSBD erläutert.

10.2.1 Selektive Serotonin-Wiederaufnahme-Inhibitoren (SSRIs)

Die durch SSRIs erreichte verstärkte Bindung des Neurotransmitters Serotonin an 5HT2-Rezeptoren im Gehirn und Rückenmark ist mit einer Abnahme des sexuellen Verlangens sowie einer verminderten Erektionsfähigkeit und verzögerten Ejakulation assoziiert (Pfaus 2009). Aufgrund ihrer antidepressiven Wirkung und der allgemeinen Wirkung auf die Impulskontrolle nehmen SSRIs bei Patient:innen mit paraphilen Störungen mit ausgeprägter sexueller Dranghaftigkeit oder komorbiden depressiven oder sexuell zwanghaften Symptomen einen bedeutsamen Stellenwert ein (Thibaut et al. 2020). Bislang wurden keine Unterschiede in der Wirksamkeit der verschiedenen SSRIs festgestellt, wobei vergleichende Studien selten sind (Greenberg et al. 1996). Es existieren Belege für die Wirksamkeit von Fluoxetin, Sertralin, Paroxetin, Nefazodon, Fluvoxamin, Citalopram und Escitalopram (Adi et al. 2002; Gola und Potenza 2016; Kafka 1994; Stein et al. 1992; Wainberg et al. 2006). In einer früheren randomisierten kontrollierten Studie wurde bei einer Gruppe von 28 homo- und bisexuellen Männern mit zwanghafter sexueller Verhaltensstörung unter Therapie mit Citalopram im Vergleich zu Placebo eine signifikante Abnahme des sexuellen Verlangens und der Masturbationshäufigkeit festgestellt (Wainberg et al. 2006). Vergleichbar konnte in einer aktuellen randomisierten Placebo-kontrollierten Studie eine Reduktion in der Intensität von CSBD-Symptomen bei Männern nach 8- und 20-wöchiger Therapie mit 20 mg Paroxetin im Vergleich zu Placebo gefunden werden, wobei sich die Symptomreduktion nur im klinischen Interview, nicht aber in den angewendeten Fragebögen oder dem selbstberichteten Pornographiekonsum zeigte (Lew-Starowicz et al., 2022).

Ein typisches Fallbeispiel einer Behandlung unter Einbeziehung einer SSRI-Medikation stellt Herr D. dar (▶ Fallbeispiel 2b).

Die typischen Höchstdosen der einzelnen SSRIs entsprechen denen, die bei Zwangsstörungen verwendet werden, und man sollte zunächst mit der niedrigsten Dosis beginnen. Klinischen Erfahrungen zufolge eignet sich Sertralin in einer Anfangsdosis von 25–50 mg besonders gut für den Titrationsprozess, der langsam auf bis zu 200 mg gesteigert werden kann. Bei SSRIs (v.a. Paroxetin) kann die Verzögerung der Ejakulationszeit dazu führen, dass paraphile oder gewalttätige Fantasien verstärkt eingesetzt werden, um zum Orgasmus zu kommen. Aus klinischer Sicht können SSRIs besonders erfolgreich sein, wenn Sex bei CSBD zur Bewältigung depressiver oder ängstlich-depressiver Symptome eingesetzt wird. Auch bei begleitenden paraphilen Symptomen ohne das Risiko von sexuell-gewalttätigen Handlungen, z.B. bei exhibitionistischer Störung, ist der Einsatz eines SSRIs oft hilfreich.

Da SSRIs insgesamt relativ gut verträglich sind und mittlerweile langjährige Erfahrung mit dem Einsatz von SSRIs bei der Behandlung von depressiven, Zwangs- und Angststörungen besteht, ist auch eine Einnahme über einen Zeitraum von mehreren Jahren möglich. Zu den typischen, häufig auftretenden Nebenwirkungen zählen – neben sexuellen Funktionsstörungen – Nervosität, Schlafstörungen, Kopfschmerzen, Übelkeit, Schwindel, Gewichtszunahme, Hitzewallungen, vermehrtes Schwitzen und QT-Zeit-Verlängerungen. Seltene, aber potenziell schwerwiegende Nebenwirkungen umfassen u.a. eine Oligurie und Hyponatriämie, verursacht durch eine gesteigerte Sekretion des Antidiuretischen Hormons (ADH) (Guay 2009) sowie eine Abnahme der Knochendichte (Zhou et al. 2018).

Während man in der Vergangenheit davon ausgegangen ist, dass sich die auftretenden sexuellen Funktionsstörungen nach Absetzen des SSRIs wieder zurückbilden, wurden in den letzten Jahren/Jahrzehnten immer wieder Fälle persistierender sexueller Funktionsstörungen nach mehrjähriger SSRI-Behandlung beschrieben (sog. Post-SSRI Sexual Dysfunction, siehe z.B. Bala et al. 2018). Ebenfalls führt eine längere Behandlung mit SSRIs zu einer Abnahme der Spermienqualität bis hin zur Infertilität (Beeder und Samplaski 2020).

10.2.2 Naltrexon

Naltrexon ist ein kompetitiver Opioid-Antagonist, der die Wirkung von exo- und endogenen Opioiden neutralisiert. Es wirkt als kompetitiver Antagonist an allen Opioidrezeptoren. In Deutschland ist Naltrexon zur Unterstützung der Entwöhnungsbehandlung bei opioid- und alkoholabhängigen Menschen zugelassen. Speziell über seinen Antagonismus am µ-Opioid-Rezeptor reduziert Naltrexon impulsive Verhaltensweisen sowie das Verlangen nach Opioiden oder Alkohol (»Craving«).

Off-label wird Naltrexon bereits in einem recht breiten Spektrum von suchtartigen Verhaltensweisen erfolgreich eingesetzt, das sowohl breit definierte Verhaltenssüchte als auch andere als die oben angeführten Substanzkonsumstörungen umfasst (Mouaffak et al. 2017). Auf der Grundlage von Daten aus sechs veröffentlichten Randomized Controlled Trials (RCTs) zu verschiedenen Verhaltenssüchten kam eine Meta-Analyse von Mouaffak und Kollegen zu dem Schluss, dass Naltrexon eine nützliche Behandlung für diese Indikation sein könnte (Mouaffak et al. 2017). Mehrere Fallberichte und Fallserien haben Hinweise darauf geliefert, dass Naltrexon auch bei Patient:innen mit CSBD hilfreich sein könnte (Bostwick und Bucci 2008; Camacho et al. 2018; Raymond et al. 2002, 2010; Ryback 2004). In einer prospektiven Untersuchung mit 20 Männern führte eine Behandlung mit Naltrexon in einer Dosis zwischen 25–50 mg über einen Zeitraum von vier Wochen zu einer signifikanten Reduktion zwanghaften sexuellen Verhaltens (Savard et al. 2020). In einem ersten RCT konnte nach 8- und 20-wöchiger Behandlung mit 50 mg Naltrexon eine überlegene Wirkung hinsichtlich der Reduktion von CSBD-Symptomen im Vergleich zu Placebo beobachtet werden. Dabei zeigte sich die signifikant stärkere Symptomreduktion aber nur im klinischen Interview, jedoch nicht in den eingesetzten Fragebögen und auch nicht im Ausmaß des Pornografiekonsums (Lew-Starowicz et al., 2022).

Naltrexon hat eine geringe therapeutische Breite. Es ist kontraindiziert bei Patient:innen mit schweren Leber- oder Nierenerkrankungen und bei gleichzeitiger Verabreichung von opioiden Analgetika, da es ein schweres Entzugssymptom bei diesen Patient:innen auslösen kann. Gleichzeitig hebt Naltrexon auch die erwünschten Wirkungen von Opioiden auf, z. B. in der Schmerztherapie. Im Allgemeinen sollten während der Behandlung keine Opioide verabreicht werden. Falls in einer Notfallsituation erforderlich, muss die Dosis der Opioidanalgetika möglicherweise erhöht werden.

Häufige mögliche unerwünschte Wirkungen sind Bauchschmerzen, Übelkeit, Erbrechen, Muskel- und Gelenkschmerzen, Kopfschmerzen, Schlaflosigkeit, Unruhe, Nervosität, Schwäche und ein leichter Anstieg des Blutdrucks. Naltrexon ist dosisabhängig lebertoxisch, kann die Leberenzyme erhöhen und eine Leberentzündung verursachen. Die empfohlene initiale Naltrexon-Dosis beträgt 25–50 mg pro Tag. Daten aus Fallserien deuten jedoch darauf hin, dass bei einigen Patient:innen zur Behandlung der CSBD höhere Naltrexon-Dosen (bis zu 150 mg pro Tag) nötig sind, um eine ausreichende Wirksamkeit zu erzielen. Aus klinischer Sicht schlugen Briken und Turner (2021) vor, dass Naltrexon als Medikament insbesondere für Patient:innen mit CSBD und komorbiden substanzbezogenen Störungen wie Alkoholabhängigkeit in Betracht gezogen werden könnte, doch gibt es bisher keine empirischen Daten, die diesen Vorschlag unterstützen (Briken und Turner, 2021; Turner et al., 2022).

10.2.3 Cyproteronacetat (CPA)

Cyproteronacetat (CPA, Androcur®) ist ein synthetischer Testosteronantagonist und bindet an die Androgenrezeptoren in den Hoden und in verschiedenen Regionen des Gehirns und hemmt so die physiologische Wirkung des körpereigenen Testosterons. Durch die Bindung an den Androgenrezeptor führt CPA über einen negativen Rückkopplungsmechanismus auch zu einer Verringerung der Gonadotropin-Releasing-Hormon (GnRH)-Sekretion sowie der Sekretion des Luteinisierenden Hormons (LH) im Hypothalamus und in der Hypophyse, was zu einem Rückgang der Serumtestosteronkonzentration führt. Die gesunkenen Serumtestosteronkonzentrationen führen letztlich zu einer allgemeinen Abnahme der sexuellen Funktionsfähigkeit und einer Abnahme der sexuellen Reaktionsfähigkeit (Jordan et al. 2011). Es ist wichtig zu berücksichtigen, dass CPA zur Behandlung von zwanghaftem sexuellem Verhalten oder Paraphilien bisher ausschließlich bei Männern untersucht und klinisch angewendet wurde.

Es gibt vier Doppelblindstudien, in denen gezeigt werden konnte, dass CPA bei Patienten mit einer paraphilen Störung im Vergleich zu Östrogenen oder Placebo zu einer signifikant stärkeren Abnahme des sexuellen Verlangens, der sexuellen Fantasien und des Sexualverhaltens führt (Bancroft et al. 1974; Bradford und Pawlak 1993; Cooper 1981; Cooper et al. 1992). In neueren Beobachtungsstudien wurde ebenfalls ein signifikanter Rückgang des sexuellen Verlangens, der sexuellen Fantasien und des sexuellen Verhaltens bei Behandlung mit CPA festgestellt (Lippi und van Staden 2017), wobei der Rückgang sowohl die paraphile als auch die nicht paraphile Sexualität betraf.

CPA kann sowohl oral als auch in Depotform intramuskulär verabreicht werden. Bei oraler Gabe wird typischerweise mit einer Dosierung von 50 mg am Tag begonnen, die sukzessive auf bis zu 200 mg pro Tag gesteigert werden kann. In seiner Depot-Formulierung existiert CPA in einer Dosis von 300 mg, welches alle zwei bis vier Wochen verabreicht werden sollte. Im Vergleich zu SSRIs treten bei der Behandlung mit CPA häufiger unerwünschte Arzneimittelwirkungen auf und diese können unter Umständen schwerwiegender sein. Diese unerwünschten Wirkungen resultieren in erster Linie aus den verringerten Serumtestosteronkonzentrationen und reichen von eher harmlosen Nebenwirkungen wie Hitzewallungen und Schmerzen an der Injektionsstelle bis hin zu schwerwiegenden wie Meningeomen, Depressionen, Gynäkomastie, thrombembolischen Ereignissen oder Leber- und Nierenfunktionsstörungen sowie einer Abnahme der Knochendichte (Assumpcao et al. 2014). Nach Absetzen des Medikaments ist ein großer Teil der Nebenwirkungen reversibel. Aufgrund der komplexen Nutzen-Risiko-Abwägung, der erheblichen Nebenwirkungen und der notwendigen Nachuntersuchungen sollte dieses Medikament nur von Fachärzt:innen verschrieben oder angewendet werden.

10.2.4 GnRH-Agonisten

Die GnRH-Agonisten (z. B. Salvacyl®: Triptorelin) gehören ebenfalls zu den testosteronsenkenden Medikamenten und führen durch eine dauerhafte Stimulation der GnRH-Rezeptoren in der Hypophyse zu einer deutlichen Abnahme der Empfindlichkeit und Anzahl der entsprechenden Rezeptoren, was wiederum zu einer deutlichen Abnahme der LH-Sekretion führt. Aufgrund der fehlenden LH-Sekretion aus der Hypophyse fehlt der Hypothalamus-Hypophysen-Gonaden-Achse der Stimulus für die konsekutive Testosteronproduktion und -sekretion in der Peripherie, was letztlich zu deutlich niedrigeren Serumtestosteronkonzentrationen führt (Turner und Briken 2018). Bei der Anwendung von GnRH-Agonisten sollte berücksichtigt werden, dass die gewünschte Wirkung erst drei bis vier Wochen nach Behandlungsbeginn eintritt. In den ersten zwei Wochen der Behandlung kann ein Anstieg der Serumtestosteronkonzentration beobachtet werden, so dass empfohlen wird, zunächst einen direkten Testosteronantagonisten (z. B. CPA) zu supplementieren, um diesen »Flare-up«-Effekt so gering wie möglich zu halten (Turner und Briken 2018). Auch GnRH-Agonisten werden bisher zur Behandlung zwanghaften sexuellen Verhaltens oder paraphiler Störungen ausschließlich bei Männern eingesetzt.

Drei systematische Übersichten kamen zu dem Schluss, dass GnRH-Agonisten im Vergleich zu SSRIs oder CPA bei Patient:innen mit paraphilen Störungen zu einer stärkeren Verringerung der sexuellen Funktionsfähigkeit und einer stärkeren Abnahme der sexuellen Fantasien und sexuellen Verhaltens führen (Briken et al. 2003; Lewis et al. 2017; Turner und Briken 2018). Im Gegensatz zu CPA führt die Behandlung mit GnRH-Agonisten bei der überwiegenden Mehrheit der Patient:innen zu einer vollständigen Beendigung der paraphilen und nicht paraphilen Sexualität, was einerseits einen erwünschten

Effekt darstellt, andererseits aber auch ihren Einsatz deutlich einschränkt, da die vollständige Unterdrückung der Sexualität nur bei einem sehr kleinen Teil der Patient:innen mit einem hohen Risiko für Sexualdelikte das primäre Therapieziel sein kann (Basdekis-Jozsa et al. 2013; Briken et al. 2018a). Nur in Ausnahmefällen kann bei Personen mit CSBD, die die diagnostischen Kriterien einer paraphilen Störung nicht erfüllen, auch der Einsatz von testosteronsenkenden Medikamenten in Betracht gezogen werden, wenn ein hohes Risiko für die Begehung eines Sexualdelikts besteht.

Das Nebenwirkungsprofil von GnRH-Agonisten ist vergleichbar mit dem unter CPA. Allerdings scheinen unerwünschte Arzneimittelwirkungen etwas seltener aufzutreten als unter der Behandlung mit CPA. Besondere Aufmerksamkeit erfordert jedoch die regelmäßig beobachtete Abnahme der Knochendichte bei längerer Anwendung von GnRH-Agonisten, die sich nach Absetzen der Medikation nur teilweise wieder normalisiert (Turner und Briken 2018). Daher sollten vor und dann regelmäßig während der Behandlung mit GnRH-Agonisten Knochendichtemessungen durchgeführt und geeignete Behandlungen eingeleitet werden, wenn die Abnahme der Knochendichte einen bestimmten Schwellenwert überschreitet (Thibaut et al. 2020). Ein weiteres Problem, das die meisten Patient:innen nach längerer Zeit betrifft, ist ein metabolisches Syndrom mit Gewichtszunahme, Blutdruckveränderungen und einem erhöhten Risiko, an Diabetes mellitus zu erkranken. Schließlich besteht auch ein erhebliches Risiko für dauerhafte Fruchtbarkeitsstörungen, über das die Patient:innen vor Beginn der Behandlung aufgeklärt werden müssen. Wegen der komplexen Nutzen-Risiko-Abwägung, der erheblichen Nebenwirkungen und der notwendigen Nachuntersuchungen sollte dieses Medikament nur von Fachärzt:innen verschrieben oder angewendet werden.

10.2.5 Empfehlungen für den klinischen Einsatz von Medikamenten bei Patient:innen mit CSBD

Zur Verbesserung der sexuellen Selbstkontrolle oder zur Verringerung der sexuellen Dranghaftigkeit

Insbesondere Patient:innen mit ausgeprägten Problemen der sexuellen Selbstkontrolle und einem hohen Maß an sexueller Dranghaftigkeit (Erregung) können von einer Behandlung mit einem SSRI (z. B. Sertralin 50–150 mg; Escitalopram 10–15 mg) oder/und Naltrexon (50–150 mg) profitieren. Insbesondere bei Patient:innen, bei denen die sozialen Folgen der CSBD sehr ausgeprägt sind, wie z. B. Probleme am Arbeitsplatz, sexuelles Risikoverhalten, überwiegende Beschäftigung des Tages mit sexuellen Fantasien und Verhaltensweisen, kann eine medikamentöse Behandlung hilfreich sein. Die medikamentöse Behandlung sollte von einer Psychotherapie begleitet werden (▶ Kap. 10.1). Sobald eine gewisse Stabilität erreicht ist, kann die Medikation bei vielen Patient:innen langsam reduziert und später dauerhaft abgesetzt werden. Diese erste Behandlungsphase erstreckt sich meist über einen Zeitraum von 6–12 Monaten.

Aufgrund des Nebenwirkungsprofils sollten testosteronsenkende Medikamente den in aller Regel männlichen Patienten vorbehalten bleiben, bei denen ein hohes Risiko besteht, dass sie aufgrund der CSBD mit einem Sexualdelikt straffällig werden (z. B. diejenigen mit komorbiden paraphilen Störungen). Es sollte berücksichtigt werden, dass eine signifikante Reduktion der Serumtestosteronkonzentration häufig zu einer ausgeprägten Depression führt, die wiederum zu sexuellen Gegenreaktionen oder dysfunktionalen Bewältigungsversuchen gegen die Depression führen kann.

Zur Behandlung komorbider psychischer Störungen, für die eine Funktionalität oder ein Zusammenhang mit CSBD bestehen könnte

Hierbei handelt es sich in der Regel um die Behandlung von depressiven Störungen oder die symptomatische Behandlung von de-

10 Therapie

pressiven Symptomen, Affektlabilität oder Impulsivität im Zusammenhang mit Persönlichkeitsstörungen – insbesondere bei Borderline- und narzisstischer Persönlichkeitsstörung. Bei komorbiden Störungen sollte die medikamentöse Behandlung nach den entsprechenden Leitlinien erfolgen. Daher wird eine längerfristige medikamentöse Behandlung der häufig in Komorbidität mit CSBD vorliegenden Persönlichkeitsstörungen nicht empfohlen, da evidenzbasierte medikamentöse Therapien hierzu fehlen. Bei komorbiden substanzbezogenen Störungen kann eine Behandlung mit Naltrexon sinnvoll sein, bei gleichzeitiger ADHS auch mit Stimulanzien.

Die medikamentöse Behandlung sollte immer von psychotherapeutischen Interventionen begleitet werden. Oft ist es dabei sinnvoll, dass medikamentöse Behandlung und Psychotherapie in den Zuständigkeitsbereich verschiedener Behandler:innen fallen. Dies eröffnet Chancen durch eine klare Trennung der Zuständigkeiten und Rollen. Es schafft aber auch Probleme, z.B. Schwierigkeiten beim Informationsaustausch, die Möglichkeit der Spaltung zwischen den verschiedenen Personen oder die unterschiedlichen Ansätze, die auch kontraproduktiv sein können.

▶ Tab. 10.4 stellt ein je nach Schweregrad der Symptomatik stufengemäßes Vorgehen dar. Die Basis ist immer die psychotherapeutische Behandlung. Erst wenn dadurch keine ausreichende Kontrolle über die Symptomatik zu erwarten ist oder die leitliniengerechte Therapie komorbider Störungen wie z.B. depressiver Störungen dies nahelegt, sollte auch Stufe 2 mit einer medikamentösen Behandlung begonnen werden. Stufe 3 beschreibt die Kombinationstherapie mit SSRIs und Naltrexon.

Tab. 10.4: Algorithmus für die pharmakologische Behandlung von CSBD ohne paraphile Störungen
(nach Briken und Turner 2021; Thibaut et al. 2020; Turner et al. 2022)

Schweregrad	Behandlung
STUFE 1 – leicht bis mittelschwere Symptomatik	
Ziel: Unterstützung der Kontrolle von sexuellen Fantasien, Zwängen und Verhaltensweisen ohne das Risiko einer Selbst- oder Fremdgefährdung	• Psychoedukation (Verhütung sexuell übertragbarer Krankheiten; Aufklärung über die mit CSBD verbundenen Risiken) • Motivierende Gesprächsführung • Psychotherapie (vorzugsweise KVT)-Behandlung komorbider depressiver Störungen, Angststörungen oder anderer psychiatrischer Störungen (falls vorhanden) – Verringerung des Stressniveaus und der Impulsivität, Verbesserung des Selbstbewusstseins
STUFE 2a – mittelschwere Symptomatik	
Ziel: Unterstützung der Kontrolle von sexuellen Fantasien, Zwängen und Verhaltensweisen mit komorbiden Depressionen, Ängsten Keine zufriedenstellenden Ergebnisse auf Stufe 1	• Psychotherapie (vorzugsweise KVT) • SSRIs*: schrittweise Erhöhung der Dosis in der gleichen Höhe wie bei Zwangsstörungen (z. B. Sertralin 50–200 mg/Tag oder Fluoxetin 20–60 mg/Tag oder Citalopram 20–60 mg/Tag)
STUFE 2b – mittelschwere Symptomatik	
Ziel: Unterstützung der Kontrolle von sexuellen Fantasien, Zwängen und Verhaltensweisen mit komorbidem Alkohol- oder Substanzmissbrauch, anderen »Verhaltenssüchten« Keine zufriedenstellenden Ergebnisse auf Stufe 1	• Psychotherapie (vorzugsweise KVT) • Naltrexon** 50–200 mg/Tag

Tab. 10.4: Algorithmus für die pharmakologische Behandlung von CSBD ohne paraphile Störungen
(nach Briken und Turner 2021; Thibaut et al. 2020; Turner et al. 2022) – Fortsetzung

Schweregrad	Behandlung
STUFE 3 – schwere Symptomatik	
Ziel: Unterstützung der Kontrolle von sexuellen Fantasien, Zwängen und Verhaltensweisen bei schwerer CSBD-Symptomatik mit komorbider psychischer Störung Keine zufriedenstellenden Ergebnisse auf Stufe 2a und 2b	• Psychotherapie (vorzugsweise KVT) • Naltrexon** (50–200 mg/Tag) zusätzlich zu SSRIs • oder SSRI zu Naltrexon (z. B. Sertralin 50–150 mg/Tag oder Fluoxetin 20–60 mg/Tag oder Citalopram 20–60 mg/Tag) (Evidenzstufe C)

* Bei Jugendlichen ist Vorsicht geboten; es besteht ein erhöhtes Suizidrisiko.
** Kontraindikationen für Naltrexon: akute Hepatitis oder schwere Leberzellinsuffizienz, gleichzeitige Einnahme von Opioiden; Schwangerschaft, Stillzeit, Suizidgefahr, schweres Nierenversagen, Überempfindlichkeit gegen Naltrexon oder einen seiner Bestandteile, Personen unter 18 oder über 65 Jahren.

10.2.6 Behandlung einer Kombination von paraphilen Störungen mit CSBD

Die Behandlung von CSBD in Kombination mit paraphilen Störungen sollte den Empfehlungen der aktuellen Leitlinien folgen. Diese beruhen auf einem risikoangepassten Ansatz, d.h. die Therapie wird je nach der individuellen Dringlichkeit der paraphilen Symptome und dem individuellen Risiko, eine Sexualstraftat zu begehen, immer eingreifender (Thibaut et al. 2020). Paraphile Störungen, bei denen in der Regel kein direkter Körperkontakt zwischen Täter und Opfer stattfindet (z.B. Exhibitionismus, Voyeurismus), fallen laut den Leitlinien in die Kategorie mit relativ geringem Risiko, während paraphile Störungen, bei denen der Wunsch nach Gewaltanwendung oder Penetration des Opfers besteht (z.B. pädophile Störung, sexuell sadistische Störung unter Anwendung von Zwang), der Kategorie mit hohem Risiko zugeordnet werden (Thibaut et al. 2020). Ziel der medikamentösen Therapie ist es, paraphile sexuelle Fantasien und Verhaltensweisen möglichst unter Beibehaltung der nicht paraphilen Sexualität zu reduzieren, wobei eine vollständige Unterdrückung der sexuellen Funktion einschließlich der nicht paraphilen Sexualität bei Patient:innen der Hochrisikokategorie toleriert wird (Thibaut et al. 2020). Alle derzeit empfohlenen Medikamente haben wahrscheinlich keinen direkten Einfluss auf den Inhalt paraphiler sexueller Fantasien, sondern wirken symptomatisch auf die sexuelle Dranghaftigkeit und das Verlangen.

Die Therapie von Patient:innen mit CSBD oder paraphilen Störungen und einem Risiko für Sexualdelikte sollte von Fachärzt:innen für Forensische Psychiatrie und Sexualmedizin durchgeführt werden. Bei der Abwägung der Therapiedauer und der Frage einer möglichen Dosisreduktion oder des Absetzens müssen Risiko und Nutzen immer sehr sorgfältig abgewogen werden. Dies erfordert viel Erfahrung. Eine Hilfestellung bietet hierbei die von Briken und Kollegen entwickelte Costlow-Skala (Change or Stop Testosterone-Lowering Medication) (Briken et al. 2019).

In ▶ Tab. 10.5 findet sich der Therapiealgorithmus für paraphile Störungen, der auch bei CSBD mit komorbider paraphiler Störung angewendet werden kann.

Tab. 10.5: Algorithmus für die pharmakologische Behandlung von CSBD in Komorbidität mit paraphilen Störungen (nach Thibaut et al. 2020)

Stufen	Behandlung
STUFE 1	
Ziel: Unterstützung der Kontrolle von sexuellen Fantasien, Zwängen und Verhaltensweisen ohne das Risiko einer Selbst- oder Fremdgefährdung	• Psychoedukation (Verhütung ungewollter Schwangerschaften, sexuell übertragbarer Krankheiten; Aufklärung über die mit CSBD verbundenen Risiken) • Motivierende Gesprächsführung • Psychotherapie (vorzugsweise KVT); Behandlung komorbider depressiver Störungen, Angststörungen oder anderer psychiatrischer Störungen (falls vorhanden) – Verringerung des Stressniveaus und der Impulsivität, Verbesserung des Selbstbewusstseins
STUFE 2	
Ziel: Kann angewendet werden bei »milden« Fällen: »Hands-off«-Paraphilien (z. B. Exhibitionismus mit geringem Risiko für gewalttätige Sexualdelikte) Keine zufriedenstellenden Ergebnisse auf Stufe 1	• Psychotherapie (vorzugsweise KVT) • SSRIs*: schrittweise Erhöhung der Dosis in der gleichen Höhe wie bei Zwangsstörungen (z. B. Sertralin 50–150 mg/Tag oder Fluoxetin 20–60 mg/Tag oder Citalopram 20–60 mg/Tag)
STUFE 3	

Ziel: Kann angewendet werden bei Paraphilien mit Risiko für Hands-on-Übergriffe (aber ohne Penetration) und ohne sexuellen Sadismus
 	
Keine zufriedenstellenden Ergebnisse bei Stufe-1- und -2-Therapien
	• Psychotherapie (vorzugsweise KVT)
	• Keine Complianceprobleme (sonst i. m.) CPA:
	  – oral: 50–200 (max. 300) mg/Tag oder
	  – i. m.: 200–400 mg 1×/Woche und dann alle 2–4 Wochen
	• Bei Komorbidität mit Angst, Depression oder Zwangssyndrom kann zusätzlich ein SSRI gegeben werden

Tab. 10.5: Algorithmus für die pharmakologische Behandlung von CSBD in Komorbidität mit paraphilen Störungen (nach Thibaut et al. 2020) – Fortsetzung

Stufen	Behandlung
STUFE 4 und 5	
Ziel: Hohes Risiko sexueller Gewalt und schwerer Paraphilien; Sexuelle sadistische Fantasien oder Verhalten oder physische Gewalt Keine zufriedenstellenden Ergebnisse bei Stufe-1- bis -3-Therapien	◆ Psychotherapie (vorzugsweise KVT) ◆ Triptorelin oder Leuprorelinacetat alle drei Monate ◆ Kombination von Triptorelin oder Leuprorelin + CPA

* Bei Jugendlichen ist Vorsicht geboten; es besteht ein erhöhtes Suizidrisiko.

11 Synopse und Ausblick

Andreas Hill, Elmar Habermeyer und Peer Briken

Exzessives, sexuell süchtiges oder zwanghaftes sexuelles Verhalten wurde schon Ende des 19. Jahrhunderts von Krafft-Ebing als »sexuelle Hyperästhesie« im Sinne einer psychopathologischen Störung beschrieben. Mit der »Compulsive Sexual Behavior Disorder« bzw. »zwanghaften sexuellen Verhaltensstörung« (CSBD) in der ICD-11 wird erstmals ein solcher Symptomenkomplex als eigenständige, durch operationalisierbare Kriterien definierte Diagnose in einem internationalen Krankheitsklassifikationssystem aufgenommen. Bis dahin gab es entweder nicht genauer beschriebene, geschweige denn operationalisierte diagnostische Termini (wie »gesteigertes sexuelles Verlangen« im Kapitel der sexuellen Funktionsstörungen in der ICD-10) oder operationalisierte, aber nicht in ein Klassifikationssystem aufgenommene Definitionen (wie der Vorschlag einer »hypersexuellen Störung« für das DSM-5, Kafka 2010). Dennoch suchen immer wieder – und in den letzten zwei bis drei Jahrzehnten zunehmend – Personen mit Symptomen, die sie als »sexsüchtig«, »hypersexuell« oder »Sexuell zwanghaft« beschreiben und unter denen sie leiden, therapeutische Hilfe. Parallel stieg auch die Anzahl der wissenschaftlichen Publikationen zu Hypersexualität, Sexsucht und CSBD rasant an (Reed et al. 2022). Die Autor:innen dieses Buches sehen die Aufnahme der CSBD in die ICD-11 als wichtigen Fortschritt an, da damit der Weg für die weitere Erforschung des Störungsbildes, die Entwicklung wirksamer Behandlungsmaßnahmen und adäquater Versorgungsangebote geebnet wird.

In der ICD-11 wird die CSBD den Impulskontrollstörungen zugeordnet. Die bisherigen neuropsychologischen und neurobiologischen Befunde liefern Argumente für ein Verständnis der CSBD sowohl als Impulskontrollstörung wie auch als Verhaltenssucht. Zentral erscheint eine Dysbalance von verstärkter sexueller Erregung und verminderter sexueller Hemmung bzw. Kontrolle von sexuellen Fantasien, Impulsen und Verhaltensweisen mit neurobiologischen Korrelaten (v.a. dopaminerg vermittelte Erregung und serotonerg vermittelte Hemmung). Die empirisch fundierten, sexualwissenschaftlichen Modelle der Dual-Control und des Tipping-Points erweisen sich als fruchtbar für das Verständnis der Entwicklung einer CSBD. Neben Vulnerabilitätsfaktoren (z.B. Missbrauchs- und Misshandlungserfahrungen) spielen die Verfügbarkeit sexueller Stimuli und die Nutzung von Sexualität als zentrale Strategie zur Bewältigung (Coping) von negativen Emotionen und Erlebnissen eine zentrale Rolle sowohl in der Pathogenese als auch in der Behandlung.

Die Bedeutung dieser sexuellen Coping-Strategie für die Entwicklung einer CSBD erklärt wahrscheinlich auch die hohen Komorbiditätsraten mit anderen psychischen Störungen, insbes. affektiven Störungen und Angststörungen (wie auch Substanzkonsumstörungen). Diese komorbiden Störungen müssen bei der Diagnostik und Behandlung erfasst und berücksichtigt werden. Die Wirksamkeit von Therapieprogrammen für CSBD-Patient:innen ist – auch aufgrund der bisher uneinheitlichen Definitionen für das Störungsbild – bisher noch eingeschränkt empirisch untermauert. Die vorliegenden Befunde beziehen sich auf multimodale Programme, die Prinzipien und Techniken aus motivationaler Gesprächsführung, KVT, ACT und Sexualtherapie umfassen. Die Autor:innen dieses Buches halten psychodynamische Erklärungsmuster und Therapieansätze jedoch ebenfalls für erfolgversprechend, insbesondere bei Integration von anderen Interventionen. Eine Spezifizierung der individuellen Therapieziele und eine Strukturierung in vier Behandlungsphasen ist zu empfehlen, eine unflexible, übermäßige Manualisierung erscheint eher kontraproduktiv. Die Psychotherapie kann insbesondere bei starker sexueller Dranghaftigkeit und sehr geringer sexueller Kontrollfähigkeit – und bei komorbiden Störungen wie Depressionen oder Angststörungen – durch eine medikamentöse Behandlung ergänzt werden, um leichter und rascher wieder eine ausgeglichenere Balance zwischen Erregbarkeit und Kontrollfähigkeit zu erreichen.

11 Synopse und Ausblick

Die Einführung der CSBD in die ICD-11 birgt durchaus auch Risiken und wurde daher im Vorfeld sehr kontrovers diskutiert. Insbesondere besteht die Gefahr, dass diese Diagnose für moralisierende Bewertungen und Pathologisierungen von ausgeprägter sexueller Lust und intensivem, hochfrequentem sexuellem Verhalten – z. B. mit wechselnden Sexualpartner:innen – benutzt wird, die zwar nicht der gesellschaftlichen Norm oder dem Durchschnitt entsprechen, aber für die Person selbst – wie auch für deren Sexual-Partner:innen – nicht mit subjektivem Leiden oder erheblichen Einschränkungen der psychosozialen Funktionsfähigkeit einhergeht. Gerade von religiösen Gruppierungen oder bei rechtlichen Auseinandersetzungen (z. B. Sorge- und Umgangsrecht nach Trennungen) könnte versucht werden, die Diagnose zu »missbrauchen« und Personen zu pathologisieren und erst dadurch sekundär Leiden zu verursachen. Auf einen solchen Kontext ist bei der Diagnostik und Behandlung bzw. im Rahmen einer Beratung immer zu achten.

Die Autor:innen dieses Buches vertreten eine Haltung, die Sexualität als Ressource und als wichtigen Teil von Gesundheit insgesamt im Sinne der Definition der Weltgesundheitsorganisation (World Health Organization 2006) erachtet. Laut WHO ist »sexuelle Gesundheit« der »Zustand körperlichen, emotionalen, geistigen und sozialen Wohlbefindens bezogen auf die Sexualität und bedeutet nicht nur die Abwesenheit von Krankheit, Funktionsstörungen und Schwäche«, sie erfordert »sowohl eine positive, respektvolle Herangehensweise an Sexualität und sexuelle Beziehungen als auch die Möglichkeit für lustvolle und sichere sexuelle Erfahrungen, frei von Unterdrückung, Diskriminierung und Gewalt« (World Health Organization 2006). Daraus folgt auch, dass das Ziel einer Behandlung nicht längerfristige sexuelle Enthaltsamkeit sein sollte, wie dies für substanzbezogene Störungen notwendig und sinnvoll sein kann und für die CSBD von manchen Gruppierungen postuliert wird.

In diesem Band wurde an vielen Stellen auf die noch unzureichenden empirischen Befunde hingewiesen. Dies soll Anstoß geben für die weitere Forschung wie auch die klinisch-therapeutische Arbeit. Besonders gilt dies hinsichtlich der Häufigkeit und Ausprägung von CSBD in verschiedenen Kulturen, bei Frauen und sexuellen Minderheiten (z. B. LGBTQ+), der Bedeutung verschiedener Entwicklungswege, Ursachen und Verhaltensmuster (und damit möglicher Untergruppen der CSBD), neuropsychologischer und -biologischer Korrelate sowie hinsichtlich Behandlungskonzepten und deren Wirksamkeit. In der Behandlungs- und Versorgungsforschung sollten die Bedeutung der hohen Komorbiditätsraten sowie die Kombination von Psycho- und medikamentöser Therapie systematischer untersucht werden. Bisher kaum untersucht sind Strategien der Primär- und Sekundärprävention, z. B. pädagogische Maßnahmen im Umgang mit sexuellen Stimuli in den digitalen Medien.

Das Verständnis und die Behandlung von Patient:innen mit CSBD ist ein gleichermaßen intellektuell und praktisch herausforderndes wie dankbares und im besten Sinne »lustvolles« Feld. Die Autor:innen hoffen, mit diesem Buch den Leser:innen dafür Grundlagen geliefert und ihr Interesse für die Arbeit mit diesen Patient:innen geweckt zu haben.

Literatur

Adi Y, Ashcroft D, Browne K et al. (2002) Clinical effectiveness and cost-consequences of selective serotonin reuptake inhibitors in the treatment of sex offenders. Southampton: The National Coordinating Centre for Health Technology Assessment.

American Psychiatric Association (2013) DSM-5 Diagnostic and statistical manual of mental disorders development. 5. Auflage. Arlington USA: American Psychiatric Association Publishing.

Antons S, Engel J, Briken P et al. (2022) Treatments and interventions for compulsive sexual behavior disorder with a focus on problematic pornography use: A preregistered systematic review. J Behav Addict. doi: 10.1556/2006.2022.00061. Epub ahead of print.

Assumpcão AA, Garcia FD, Garcia HD et al. (2014) Pharmacologcial Treatment of Paraphilias. Psychiatric Clinics of North America 37: 173–181.

Bala A, Nguyen HMT, Hellstrom WJG (2018) Post-SSRI Sexual Dysfunction: A Literature Review. Sexual Medicine Reviews 6: 29–34.

Ballester-Arnal R, Castro Calvo J, Gil-Llario MD et al. (2017) Cybersex addiction: a study on Spanish college students. Journal of Sex & Marital Therapy 43: 567–585.

Ballester-Arnal R, Castro-Calvo J, Giménez-García C et al. (2020) Psychiatric comorbidity in compulsive sexual behavior disorder (CSBD). Addictive Behaviors 107: 1–7.

Balon R (2021) Hypersexuality and Sexual Compulsivity. Behavioral/Sexual Risks and Risks of Sexually Transmitted Diseases. In: Balon R, Briken P (Hrsg.) Compulsive Sexual Behavior Disorder. Understanding, Assessment and Treatment. Washington, DC: American Psychiatric Publication. S. 167–178.

Balon R, Briken P (2021) Compulsive Sexual Behavior Disorder: Understanding, Assessment, and Treatment. Washington, DC: American Psychiatric Association Publishing.

Banca P, Morris LS, Mitchell S et al. (2016) Novelty, conditioning and attentional bias to sexual rewards. Journal of Psychiatric Research 72: 91–101.

Bancroft J (2008) Sexual behavior that is »out of control«: A theoretical conceptual approach. Psychiatric Clinics of North America 31: 593–601.

Bancroft J, Janssen E, Strong D et al. (2003) The relation between mood and sexuality in heterosexual men. Archives of Sexual Behavior 32: 217–230.

Bancroft J, Tennet G, Loucas K et al. (1974) The control of deviant sexual behavior by drugs. I. Behavioural changes following oestrogens and anti-androgens. The British Journal of Psychiatry 125: 310–315.

Bancroft J, Vukadinovic Z (2004) Sexual addiction, sexual compulsivity, sexual impulsivity, or what? Toward a theoretical model. The Journal of Sex Research 41: 225–234.

Basdekis-Jozsa R, Turner D, Briken P (2013) Pharmacological treatment of sexual offenders and its legal and ethical aspects. In: Harrison K, Rainey B (Hrsg.) The Wiley-Blackwell Handbook of Legal and Ethical Aspects of Sex Offender Treatment and Management. Hoboken: John Wiley & Sons. S. 302–320.

Batra A, Bleich S, Borgwardt S et al. (2019) Psychische Störungen und Suchterkrankungen: Diagnostik und Behandlung von Doppeldiagnosen. Stuttgart: Kohlhammer Verlag.

Bauman Z (2003) Liquid Love: On the Frailty of Human Bonds. Cambridge, MA: Polity Press.

Bechara A, Berridge KC, Bickel WK et al. (2019) A neurobehavioral approach to addiction: implications for the opioid epidemic and the psychology of addiction. Psychological Science in the Public Interest 20: 96–127.

Beeder LA, Samplaski MK (2020) Effect of antidepressant medications on semen parameters and male fertility. International Journal of Urology 27: 39–46.

Benotsch EG, Kalichman SC, Kelly JA (1999) Sexual compulsivity and substance use in HIV-seropositive men who have sex with men: Prevalence and predictors of high-risk behaviors. Addictive Behaviors 24: 857–868.

Berridge KC, Robinson TE (2016) Liking, wanting, and the incentive-sensitization theory of addiction. American Psychologist 71: 670–679.

Billieux J, Schimmenti A, Khazaal Y et al. (2015) Are we overpathologizing everyday life? A tenable blueprint for behavioral addiction research. Journal of Behavioral Addictions 4: 119–123.

Black DW (2000) The epidemiology and phenomenology of compulsive sexual behavior. CNS spectrums 5: 26–35.

Black DW, Kehrberg LL, Flumerfelt DL et al. (1997) Characteristics of 36 subjects reporting compulsive sexual behavior. The American Journal of Psychiatry 154: 243–249.

Böthe B, Bartók R, Tóth-Király I et al. (2018) Hypersexuality, gender, and sexual orientation: A large-scale psychometric survey study. Archives of Sexual Behavior 47: 2265–2276.

Böthe B, Baumgartner C, Schaub MP et al. (2021) Hands-off: Feasibility and preliminary results of a two-armed randomized controlled trial of a web-based self-help tool to reduce problematic pornography use. Journal of Behavioral Addictions 10: 1015–1035.

Böthe B, Koós M, Tóth-Király I et al. (2019) Investigating the associations of adult ADHD symptoms, hypersexuality, and problematic pornography use among men and women on a largescale, non-clinical sample. The Journal of Sexual Medicine 16: 489–499.

Böthe B, Potenza MN, Griffiths MD et al. (2020) The development of the compulsive sexual behavior disorder scale (CSBD-19): An ICD-11 based screening measure across three languages. Journal of Behavioral Addictions 9: 247–258.

Böthe B, Tóth-Király I, Potenza MN et al. (2019) Revisiting the Role of Impulsivity and Compulsivity in Problematic Sexual Behaviors. The Journal of Sex Research 56: 166–179.

Boetticher A, Nedopil N, Bosinski HA et al. (2007) Mindestanforderungen für Schuldfähigkeitsgutachten. Forensische Psychiatrie, Psychologie, Kriminologie 1: 3–9.

Bosch OG, Havranek MM, Baumberger A et al. (2017) Neural underpinnings of prosexual effects induced by gamma-hydroxybutyrate in healthy male humans. European Neuropsychopharmacology 27: 372–382.

Boström AE, Chatzittofis A, Ciuculete DM et al. (2020) Hypermethylation-associated downregulation of microRNA-4456 in hypersexual disorder with putative influence on oxytocin signalling: A DNA methylation analysis of miRNA genes. Epigenetics 15: 145–160.

Bostwick JM, Bucci JA (2008) Internet Sex Addiction Treated with Naltrexone. Mayo Clinic Proceedings 83: 226–230.

Bradford JM, Ahmed AG (2014) The natural history of the paraphilias. Psychiatric Clinics, 37: xi–xv.

Bradford JM, Pawlak A (1993) Double-blind placebo crossover study of cyproterone acetate in the treatment of the paraphilias. Archives of Sexual Behavior 22: 383–402.

Brand M, Snagowski J, Laier C et al. (2016) Ventral striatum activity when watching preferred pornographic pictures is correlated with symptoms of Internet pornography addiction. Neuroimage 129: 224–232.

Brand M, Young KS, Laier C et al. (2016) Integrating psychological and neurobiological considerations regarding the development and maintenance of specific Internet-use disorders: An Interaction of Person-Affect-Cognition-Execution (I-PACE) model. Neuroscience & Biobehavioral Reviews 71: 252–266.

Braun-Harvey D, Vigorito MA (2016) Treating out of control sexual behavior. Rethinking sex addiction. New York, NY: Springer Publishing Company.

Briken P (2020a) An integrated model to assess and treat compulsive sexual behaviour disorder. Nature Reviews Urology 17: 391–406.

Briken P (2020b) Paraphile Störungen und Sexualdelinquenz, Geschlechtsinkongruenz/-dysphorie und sexuelle Funktionsstörungen. In: Dreßing H, Habermeyer E (Hrsg.) Psychiatrische Begutachtung. Amsterdam: Elsevier. S. 337–364.

Briken P, Basdekis-Jozsa R (2010) Sexuelle Sucht? Wenn sexuelles Verhalten außer Kontrolle gerät. Bundesgesundheitsblatt – Gesundheitsforschung – Gesundheitsschutz 53: 313–318.

Briken P, Basdekis-Jozsa R, Turner D (2018a) Pharmakotherapie von paraphilen Patienten im Maßregelvollzug und Sexualstraftätern. In: Dudeck M, Steger F (Hrsg.) Ethik in der Forensischen Psychiatrie und Psychotherapie. Berlin: Medizinisch Wissenschaftliche Verlagsgesellschaft. S. 179–188.

Briken P, Habermann N, Berner W et al. (2007) Diagnosis and treatment of sexual addiction: A survey among German sex therapists. Sexual Addiction & Compulsivity 14: 131–143.

Briken P, Habermann N, Kafka MP et al. (2006) The Paraphilia-Related Disorders: An investigation of the relevance of the concept in sexual murderers. Journal of forensic sciences 51: 683–688.

Briken P, Hill A, Berner W (2003) Pharmacotherapy of paraphilias with long-acting agonists of luteinizing hormone-releasing hormone: A systematic review. Journal of clinical psychiatry 64: 890–897.

Briken P, Müller J (2014) Beurteilung der Schuldfähigkeit bei paraphiler Störung. Der Nervenarzt 85: 304–311.

Briken P, Turner D (2021) Pharmacotherapy for patients with CSBD. In: Balon R, Briken P (Hrsg.) Compulsive Sexual Behavior Disorder. Understanding, Assessment and Treatment. Washington, DC: American Psychiatric Publication. S. 95–108.

Briken P, Turner D, Thibaut F et al. (2019) Validation of the »change or stop testosterone lowering medication (COSTLow)-scale« using delphi method among clinical experts. Journal of Sex & Marital Therapy 45: 148–158.

Brody S, Costa RM (2009) Anatomy/physiology: Satisfaction (sexual, life, relationship, and mental health) is associated directly with penile–vaginal intercourse, but inversely with other sexual behavior frequencies. The Journal of Sexual Medicine 6: 1947–1954.

Bründl S, Fuß J (2021) Impulskontrollstörungen in der ICD-11. Forensische Psychiatrie, Psychologie, Kriminologie 15: 1–10.

Burri A (2017) Sexual sensation seeking, sexual compulsivity, and gender identity and its relationship with sexual functioning in a population sample of men and women. The Journal of Sexual Medicine 14: 69–77.

Cabanis M, Outadi A, Choi F (2021) Early childhood trauma, substance use and complex concurrent disorders among adolescents. Current Opinion in Psychiatry 34: 393–399.

Camacho M, Moura AR, Oliveira-Maia AJ (2018) Compulsive sexual behaviors treated with naltrexone monotherapy. The Primary Care Companion for CNS Disorders 20: 26143.

Carnes P (1991) Don't Call It Love: Recovery from Sexual Addiction. New York, NY: Bantam Books.

Carnes P (2001) Out of the shadows: Understanding sexual addiction. Center City, MN: Hazelden Publishing.

Carpenter D, Janssen E, Graham C et al. (2008) Women's Scores on the Sexual Inhibition/Sexual Excitation Scales (SIS/SES): Gender Similarities and Differences. The Journal of Sex Research 45: 36–48.

Carvalho J, Stulhofer A, Vieira AL et al. (2015) Hypersexuality and high sexual desire: exploring the structure of problematic sexuality. The Journal of Sexual Medicine 12: 1356–1367.

Cashwell CS, Giordano AL, King K et al. (2017) Emotion Regulation and Sex Addiction among College Students. International Journal of Mental Health and Addiction 15: 16–27.

Castellini G, Rellini AH, Appignanesi C et al. (2018) Deviance or Normalcy? The Relationship Among Paraphilic Thoughts and Behaviors, Hypersexuality, and Psychopathology in a Sample of University Students. The journal of sexual medicine: 1322–1335.

Chatzittofis A, Arver S, Öberg K et al. (2016) HPA axis dysregulation in men with hypersexual disorder. Psychoneuroendocrinology 63: 247–253.

Chatzittofis A, Boström ADE, Savard J et al. (2022) Neurochemical and Hormonal Contributors to Compulsive Sexual Behavior Disorder. Current Addiction Reports 9: 23–31.

Chatzittofis A, Boström AE, Öberg KG et al. (2020) Normal Testosterone but Higher Luteinizing Hormone Plasma Levels in Men with Hypersexual Disorder. Sexual medicine 8: 243–250.

Ciocca G, Limoncin E, Carosa E et al. (2016) Is Testosterone a Food for the Brain? Sexual Medicine Reviews 4: 15–25.

Coleman E, Dickenson JA, Girard A et al. (2018) An integrative biopsychosocial and sex positive model of understanding and treatment of impulsive/compulsive sexual behavior. Sexual Addiction & Compulsivity 25: 125–152.

Cooper AJ (1981) A placebo-controlled trial of the antiandrogen cyproterone acetate in deviant hypersexuality. Comprehensive Psychiatry 22: 458–465.

Cooper AJ, Cernovovsky Z, Magnus RV (1992) The long-term use of cyproterone acetate in pedophilia: a case study. Journal of Sex & Marital Therapy 18: 292–302.

Cooper A, Delmonico DL, Burg R (2000) Cybersex users, abusers, and compulsives: New findings and implications. Sexual Addiction & Compulsivity: The Journal of Treatment and Prevention 7: 5–29.

Cooper A, Griffin-Shelley E (2002) Introduction. The Internet: The Next Sexual Revolution. In: Cooper A (Hrsg.) Sex and the Internet: A guide book for clinicians. New York: Brunner-Routlege. S. 1–15.

Crosby JM, Twohig MP (2016) Acceptance and commitment therapy for problematic internet pornography use: a randomized trial. Behavior Therapy 47: 355–366.

Davis RA (2001) A cognitive-behavioral model of pathological Internet use. Computers in human behavior 17: 187–195.

de Alarcón R, de la Iglesia JI, Casado NM et al. (2019) Online Porn Addiction: What We Know and What We Don't-A Systematic Review. Journal of clinical medicine 8: 1–20.

de Tribolet-Hardy F, Hill A, Habermeyer E (2020) »Webcam child sexual abuse«. Eine neue Facette der Begutachtung von Internetsexualdelinquenz. Forensische Psychiatrie, Psychologie, Kriminologie 14: 259–269.

de Tubino Scanavino M, Ventuneac A, Abdo CHN et al. (2013) Compulsive sexual behavior and psychopathology among treatment-seeking men in São Paulo, Brazil. Psychiatry research 209: 518–524.

Degkwitz R, Helmchen H, Kockott G et al. (1980) Aufbau des Kapitels V »Psychiatrische Krankheiten« der ICD-9 und Hinweise zu seinem Gebrauch. In: Degkwitz R, Helmchen H, Kockott G (Hrsg.) Diagnoseschlüssel und Glossar psychiatrischer Krankheiten. Berlin: Springer-Verlag. S. 7–22.

Dekker A (2004a) Körper und Geschlechter in virtuellen Räumen. In: Richter-Appelt H, Hill A (Hrsg.) Geschlecht zwischen Spiel und Zwang. Gießen: Psychosozial-Verlag. S. 209–224.

Dekker A (2004b) Cybersex und Online-Beziehungen. In: Hornung R, Buddeberg C, Bucher T (Hrsg.) Sexualität im Wandel. Zürich: Hochsch.-Verlag an der ETH: 159–179.

Derbyshire KL, Grant JE (2015) Compulsive sexual behavior: A review of the literature. Journal of Behavioral Addictions 4: 37–43.

Dhuffar MK, Griffiths MD (2016) Barriers to female sex addiction treatment in the UK. Journal of Behavioral Addictions 5: 562–567.

Dickenson JA, Gleason N, Coleman E et al. (2018) Prevalence of distress associated with difficulty controlling sexual urges, feelings, and behaviors in the United States. JAMA network open 1: e184468–e184468.

Dilling H, Mombour W, Schmidt MH et al. (2000) ICD-10. Internationale Klassifikation psychischer Störungen. 3. überarbeitete Auflage. Göttingen: Hogrefe.

do Amaral MLS, Abdo CHN, Tavares H et al. (2015) Personality among Sexually Compulsive Men Who Practice Intentional Unsafe Sex in São Paulo, Brazil. The Journal of Sexual Medicine 12: 557–566.

Döring N (2004) Cybersex – Formen und Bedeutungen computervermittelter sexueller Interaktionen. In: Richter-Appelt H, Hill A (Hrsg.) Geschlecht zwischen Spiel und Zwang. Gießen: Psychosozial-Verlag. S. 177–207.

Döring N, Daneback K, Shaughnessy K et al. (2017) Online sexual activity experiences among college students: A four-country comparison. Archives of Sexual Behavior 46: 1641–1652.

Draps M, Kowalczyk-Grębska N, Marchewka A et al. (2021) White matter microstructural and Compulsive Sexual Behaviors Disorder – Diffusion Tensor Imaging study. Journal of Behavioral Addictions 10: 55–64.

Draps M, Sescousse G, Potenza MN et al. (2020) Gray Matter Volume Differences in Impulse Control and Addictive Disorders – An Evidence from a Sample of Heterosexual Males. The Journal of Sexual Medicine 17: 1761–1769.

Efrati Y (2019) God, I can't stop thinking about sex! The rebound effect in unsuccessful suppression of sexual thoughts among religious adolescents. The Journal of Sex Research 56: 146–155.

Efrati Y, Gola M (2018) Treating compulsive sexual behavior. Current Sexual Health Reports 10: 57–64.

Eher R, Haubner-MacLean T (2014) Static-99 und Stable-2007: Anwenderhandbuch und Normwerttabellen. Begutachtungs-und Evaluationsstelle für Gewalt-und Sexualstraftäter. Wien: BEST.

Elmquist J, Shorey RC, Anderson S et al. (2016) Are borderline personality symptoms associated with compulsive sexual behaviors among women in treatment for substance use disorders? An exploratory study. Journal of Clinical Psychology 72: 1077–1087.

Engel J, Veit M, Krüger T (2021) Zwanghaftes Sexualverhalten – Welche Rolle spielen sexuelle Grenzverletzungen und Paraphilien. Psychotherapeut 66: 105–112.

Erez G, Pilver CE, Potenza MN (2014) Gender-related differences in the associations between sexual impulsivity and psychiatric disorders. Journal of Psychiatric Research 55: 117–125.

Etzler S, Eher R, Rettenberger M (2020) Dynamic risk assessment of sexual offenders: Validity and dimensional structure of the Stable-2007. Assessment 27: 822–839.

Farré JM, Fernández-Aranda F, Granero R et al. (2015) Sex addiction and gambling disorder: similarities and differences. Comprehensive Psychiatry 56: 59–68.

Felitti VJ (2002) The relationship of adverse childhood experiences to adult health: Turning gold into lead. Zeitschrift für Psychosomatische Medizin und Psychotherapie 48: 359–369.

Ferree MC (2001) Females and sex addiction: Myths and diagnostic implications. Sexual Addiction & Compulsivity: The Journal of Treatment and Prevention 8: 287–300.

Foucault M (1979) Sexualität und Wahrheit. Band. 1: Der Wille zum Wissen. Frankfurt a.M.: Suhrkamp Verlag.

Frugaard Stroem I, Aakvaag HF, Wentzel-Larsen T (2019) Characteristics of Different Types of Childhood Violence and the Risk of Revictimization. Violence Against Women 25: 1696–1716.

Fuß J, Bindila L, Wiedemann K et al. (2017) Masturbation to Orgasm Stimulates the Release of the Endocannabinoid 2-Arachidonoylglycerol in Humans. The Journal of Sexual Medicine 14: 1372–1379.

Fuß J, Briken P, Stein DJ et al. (2019) Compulsive sexual behavior disorder in obsessive–compulsive disorder: Prevalence and associated comorbidity. Journal of Behavioral Addictions 8: 242–248.

Fuß J, Lemay K, Stein DJ et al. (2019) Public stakeholders' comments on ICD-11 chapters related to mental and sexual health. World Psychiatry 18: 233–235.

Fuß J, Voulgaris A, Briken P (2020) Schuldfähigkeit bei Personen, die wegen Nutzung von Missbrauchsabbildungen angeklagt sind. Forensische Psychiatrie, Psychologie, Kriminologie 14: 437–445.

Garofalo C, Velotti P, Zavattini GC (2016) Emotion dysregulation and hypersexuality: Review and clinical implications. Sexual and Relationship Therapy 31: 3–19.

Giese H (1962) Psychopathologie der Sexualität. Stuttgart: Ferdinand Enke Verlag.

Gilliland R, Blue Star J, Hansen B et al. (2015) Relationship attachment styles in a sample of hypersexual patients. Journal of Sex & Marital Therapy 41: 581–592.

Gilliland R, South M, Carpenter BN et al. (2011) The roles of shame and guilt in hypersexual behavior. Sexual Addiction & Compulsivity 18: 12–29.

Giménez-García C, Ballester-Arnal R, Daneback K (2021) The Internet and CSBD. Compulsive Sexual Behavior Disorder: Understanding, Assessment, and Treatment. In: Balon R, Briken P (Hrsg.) Compulsive Sexual Behavior Disorder.Understanding, Assessment and Treatment. Washington, DC: American Psychiatric Association Publishing. S. 35–52.

Gola M, Draps M (2018) Ventral Striatal Reactivity in Compulsive Sexual Behaviors. Frontiers in Psychiatry 9: 546–555.

Gola M, Kraus SW (2021) Sexual Addiction vs. CSBD. In: Balon R, Briken P (Hrsg.) Compulsive Sexual Behavior Disorder.Understanding, Assessment and Treatment. Washington, DC: American Psychiatric Association Publishing. S. 7–20.

Gola M, Potenza MN (2016) Paroxetine Treatment of Problematic Pornography Use: A Case Series. Journal of Behavioral Addictions Journal of behavior addictions 5: 529–532.

Gola M, Wordecha M, Marchewka A et al. (2016) Visual Sexual Stimuli – Cue or Reward? A Perspective for Interpreting Brain Imaging Findings on Human Sexual Behaviors. Frontiers in Human Neuroscience 10: 402–409.

Gola M, Wordecha M, Sescousse G et al. (2017) Can Pornography be Addictive? An fMRI Study of Men Seeking Treatment for Problematic Pornography Use. Neuropsychopharmacology 42: 2021–2031.

Goldfried MR (2013) What should we expect from psychotherapy? Clinical Psychology Review 33: 861–869.

Grant JE, Atmaca M, Fineberg NA et al. (2014) Impulse control disorders and »behavioural addictions« in the ICD-11. World Psychiatry 13: 125–127.

Grant JE, Steinberg MA (2005) Compulsive sexual behavior and pathological gambling. Sexual Addiction & Compulsivity 12: 235–244.

Greenberg DM, Bradford JMW, Curry S et al. (1996) A comparison of treatment of paraphilias with three serotonin reuptake inhibitors: A retrospective study. Journal of the American Academy of Psychiatry and the Law Online 24: 525–532.

Gregório Hertz P, Rettenberger M, Turner D et al. (2022) Hypersexual disorder and recidivism risk in individuals convicted of sexual offenses. The Journal of Forensic Psychiatry & Psychology 33: 1–20.

Gregório Hertz P, Turner D (2021) Hypersexualität im Kontext der forensischen Psychiatrie und Psychologie: Diagnostik, Risikoeinschätzung und -management. Forensische Psychiatrie und Psychotherapie 28: 331–351.

Gregório Hertz P, Turner D, Barra S et al. (2022) Sexuality in Adults with ADHD: Results of an Online Survey. Frontiers in Psychiatry 13: 1–15.

Grov C, Parsons JT, Bimbi DS (2010) Sexual Compulsivity and Sexual Risk in Gay and Bisexual Men. Archives of Sexual Behavior 39: 940–949.

Grubbs JB, Gola M (2019) Is pornography use related to erectile functioning? Results from cross-sectional and latent growth curve analyses. The Journal of Sexual Medicine 16: 111–125.

Grubbs JB, Hook JP, Griffin BJ et al. (2017) Treating hypersexuality. In: Peterson ZE (Hrsg.) The Wiley handbook of sex therapy. Hoboken: John Wiley & Sons. S. 115–128.

Grubbs JB, Kraus SW, Perry SL (2019) Self-reported addiction to pornography in a nationally representative sample: The roles of use habits, religiousness, and moral incongruence. Journal of Behavioral Addictions 8: 88–93.

Grubbs JB, Kraus SW, Perry SL et al. (2020) Moral incongruence and compulsive sexual behavior: Results from cross-sectional interactions and parallel growth curve analyses. Journal of abnormal psychology 129: 266–278.

Guay DRP (2009) Drug treatment of paraphilic and nonparaphilic sexual disorders. Clinical Therapeutics 31: 1–31.

Hallberg J (2019) Hypersexual disorder – Clinical presentation and treatment. Thesis. Stockholm: Karolinska Institutet.

Hallberg J, Kaldo V, Arver S et al. (2019) A randomized controlled study of group-administered cognitive behavioral therapy for hypersexual disorder in men. The Journal of Sexual Medicine 16: 733–745.

Hallberg J, Kaldo V, Arver S et al. (2020) Internet-administered cognitive behavioral therapy for hypersexual disorder, with or without paraphilia(s) or paraphilic disorder(s) in men: A pilot study. The Journal of Sexual Medicine 17: 2039–2054.

Halpern AL (2011) The proposed diagnosis of hypersexual disorder for inclusion in DSM-5: Unnecessary and harmful. Archives of Sexual Behavior 40: 487–488.

Hanson RK, Harris AJ, Scott T et al. (2000) ACUTE-2007. Journal of Offender Therapy and Comparative Criminology 1: 24.

Hanson RK, Morton-Bourgon KE (2019) The characteristics of persistent sexual offenders: A meta-analysis of recidivism studies. In: Roesch R, McLachlan K (Hrsg.) Clinical Forensic Psychology and Law. 1. Auflage. London: Routledge. S. 67–76.

Hauch M (2019) Paartherapie bei sexuellen Störungen. Das Hamburger Modell, Konzept und Technik. 3. Auflage. Stuttgart: Georg Thieme Verlag.

Hill A (2011) Sexualität in Zeiten des Internet. Psychotherapeut 56: 475–484.

Hill A (2021) Pornografie, Cybersex und Sexualdelinquenz. In: Saimeh N, Briken P, Endrass J et al. (Hrsg.) Sexualstraftäter. Diagnostik, Begutachtung, Risk Assessment, Therapie. Berlin: Medizinisch Wissenschaftliche Verlagsgesellschaft. S. 217–232.

Hill A, Berner W, Briken P (2015) Riskantes Sexualverhalten. Psychotherapeut 60: 25-30.

Hill A, Briken P, Berner W (2007) Pornografie und sexuelle Gewalt im Internet. Bundesgesundheitsblatt-Gesundheitsforschung-Gesundheitsschutz 50: 90-102.

Hill AB (1965) The Environment and Disease: Association or Causation? Proceedings of the Royal Society of Medicine 58: 295-300.

Hörburger TA, Habermeyer E (2020) Zu den Zusammenhängen zwischen paraphilen Störungen, Persönlichkeitsstörungen und Sexualdelinquenz. Forensische Psychiatrie, Psychologie, Kriminologie 14: 149-157.

Holden C (2001) Behavioral addictions: do they exist? Science 294: 980-982.

Hook JN, Reid RC, Penberthy JK et al. (2014) Methodological review of treatments for nonparaphilic hypersexual behavior. Journal of Sex & Marital Therapy 40: 294-308.

Jardin C, Sharp C, Garey L et al. (2017) Compelled to risk: does sexual compulsivity explain the connection between borderline personality disorder features and number of sexual partners?. Journal of personality disorders 31: 738-752.

Jerome RC, Woods WJ, Moskowitz JT et al. (2016) The psychological context of sexual compulsivity among men who have sex with men. AIDS and Behavior 20: 273-280.

Jokinen J, Boström AE, Chatzittofis A et al. (2017) Methylation of HPA axis related genes in men with hypersexual disorder. Psychoneuroendocrinology 80: 67-73.

Jordan K, Fromberger P, Stolpmann G et al. (2011) The role of testosterone in sexuality and paraphilia - A neurobiological approach. Part II: Testosterone and paraphilia. The Journal of Sexual Medicine 8: 2993-3007.

Kafka MP (1994) Sertraline pharmacotherapy for paraphilias and paraphilia-related disorders: an open trial. Annals of Clinical Psychiatry 6: 189-195.

Kafka MP (1997) Hypersexual desire in males: An operational definition and clinical implications for males with paraphilias and paraphilia-related disorders. Archives of Sexual Behavior 26: 505-526.

Kafka MP (2003) Sex offending and sexual appetite: The clinical and theoretical relevance of hypersexual desire. International Journal of Offender Therapy and Comparative Criminology 47: 439-451.

Kafka MP (2010) Hypersexual disorder: a proposed diagnosis for DSM-V. Archives of Sexual Behavior 39: 377-400.

Kafka MP (2015) DSM-IV Axis I psychopathology in males with non-paraphilic hypersexual disorder. Current Addiction Reports 2: 202-206.

Kafka MP, Hennen J (2002) A DSM-IV Axis I comorbidity study of males (n= 120) with paraphilias and paraphilia-related disorders. Sexual Abuse: A Journal of Research and Treatment 14: 349–366.

Kafka MP, Hennen, J (2003) Hypersexual desire in males: are males with paraphilias different from males with paraphilia-related disorders?. Sexual Abuse: A Journal of Research and Treatment 15: 307–321.

Kapfhammer HP (2021) Zur Komorbidität von Posttraumatischer Belastungsstörung und Sucht in biopsychosozialer Perspektive. Neuropsychiatrie 36: 1–18.

Kaplan MS, Krueger RB (2010) Diagnosis, Assessment, and Treatment of Hypersexuality. The Journal of Sex Research 47: 181–198

Karaca S, Saleh A, Canan F et al. (2017) Comorbidity between behavioral addictions and attention deficit/hyperactivity disorder: a systematic review. International Journal of Mental Health and Addiction 15: 701–724.

Kingston DA, Graham FJ, Knight RA (2017) Relations between self-reported adverse events in childhood and hypersexuality in adult male sexual offenders. Archives of Sexual Behavior 46: 707–720.

Klein V, Briken P, Schröder J et al. (2019) Mental health professionals' pathologization of compulsive sexual behavior: Does clients' gender and sexual orientation matter? Journal of Abnormal Psychology 128: 465–472.

Klein V, Brunner F, Nieder TO et al. (2015a) Diagnoseleitlinien sexueller Störungen in der International Classification of Diseases and Related Health Problems (ICD)-11 – Dokumentation des Revisionsprozesses. Zeitschrift für Sexualforschung 28: 363–373.

Klein V, Jurin T, Briken P et al. (2015a) Erectile dysfunction, boredom, and hypersexuality among coupled men from two European countries. The Journal of Sexual Medicine 12: 2160–2167.

Klein V, Kapla MS (2021) CSBD in Women. In: Balon R, Briken P (Hrsg.) Compulsive Sexual Behavior Disorder.Understanding, Assessment and Treatment. Washington, DC: American Psychiatric Association Publishing. S. 129–142.

Klein V, Rettenberger M, Boom KD et al. (2014) Eine Validierungsstudie der deutschen Version des Hypersexual Behavior Inventory (HBI). PPmP – Psychotherapie, Psychosomatik, Medizinische Psychologie 64: 136–140.

Klein V, Rettenberger M, Briken P (2014) Self-reported indicators of hypersexuality and its correlates in a female online sample. The Journal of Sexual Medicine 11: 1974–1981.

Klein V, Schmidt AF, Turner D et al. (2015a) Are Sex Drive and Hypersexuality Associated with Pedophilic Interest and Child Sexual Abuse in a Male Community Sample? PLoS ONE 10: 1–11.

Klucken T, Wehrum-Osinsky S, Schweckendiek J et al. (2016) Altered Appetitive Conditioning and Neural Connectivity in Subjects With Compulsive Sexual Behavior. The Journal of Sexual Medicine 13: 627–636.

Kopeykina I, Kim HJ, Khatun T et al. (2016) Hypersexuality and couple relationships in bipolar disorder: a review. Journal of Affective Disorders 195: 1–14.

Kowalewska E, Gola M, Kraus SW et al. (2020) Spotlight on Compulsive Sexual Behavior Disorder: A Systematic Review of Research on Women. Neuropsychiatric Disease and Treatment 16: 2025–2043.

Kowalewska E, Grubbs JB, Potenza MN et al. (2018) Neurocognitive Mechanisms in Compulsive Sexual Behavior Disorder. Current Sexual Health Reports 10: 255–264.

Kraus SW, Krueger RB, Briken P et al. (2018) Compulsive sexual behaviour disorder in the ICD-11. World Psychiatry 17: 109–110.

Kraus SW, Meshberg-Cohen S, Martino S et al. (2015) Treatment of compulsive pornography use with naltrexone: A case report. American Journal of Psychiatry 172: 1260–1261.

Kraus SW, Popat-Jain A, Potenza MN (2021) Compulsive Sexual Behavior and Substance Use Disorders. In: Balon R, Briken P (Hrsg.) Compulsive Sexual Behavior Disorder.Understanding, Assessment and Treatment. Washington, DC: American Psychiatric Association Publishing. S. 21–34.

Kraus SW, Potenza MN, Martino S et al. (2015) Examining the psychometric properties of the Yale-Brown Obsessive-Compulsive Scale in a sample of compulsive pornography users. Comprehensive Psychiatry 59: 117–122.

Kraus SW, Voon V, Potenza MN (2016a) Neurobiology of Compulsive Sexual Behavior: Emerging Science. Neuropsychopharmacology 41: 385–386.

Kraus SW, Voon V, Potenza MN (2016b) Should compulsive sexual behavior be considered an addiction? Addiction 111: 2097–2106.

Krueger RB (2016) Diagnosis of hypersexual or compulsive sexual behavior can be made using ICD-10 and DSM-5 despite rejection of this diagnosis by the American Psychiatric Association. Addiction 111: 2110–2111.

Krueger RB, Reed GM, First MB et al. (2017) Proposals for paraphilic disorders in the International Classification of Diseases and Related Health Problems, eleventh revision (ICD-11). Archives of Sexual Behavior 46: 1529–1545.

Krueger T, Haake P, Chereath D et al. (2003) Specificity of the neuroendocrine response to orgasm during sexual arousal in men. Journal of Endocrinology 177: 57–64.

Kühn S, Gallinat J (2014) Brain Structure and Functional Connectivity Associated with Pornography Consumption: The Brain on Porn. JAMA Psychiatry 71: 827–834.

Kuzma JM, Black DW (2008) Epidemiology, prevalence, and natural history of compulsive sexual behavior. Psychiatric Clinics of North America 31: 603–611.

Labadie C, Godbout N, Vaillancourt-Morel MP et al. (2018) Adult profiles of child sexual abuse survivors: Attachment insecurity, sexual compulsivity, and sexual avoidance. Journal of Sex & Marital Therapy 44: 354–369.

Långström N, Hanson RK (2006) High rates of sexual behavior in the general population: correlates and predictors. Arch Sex Behav 35: 37–52.

Lee HJ, Pagani J, Young WS (2010) Using transgenic mouse models to study oxytocin's role in the facilitation of species propagation. Brain research 1364: 216–224.

Leiß O (2020) Konzepte und Modelle Integrierter Medizin. Zur Aktualität Thure von Uexkülls (1908–2004). Bielefeld: transcript-Verlag.

Levaque E, Dawson SJ, Wan C et al. (2022) Sex Drive as a Possible Mediator of the Gender Difference in the Prevalence of Paraphilic Interests in a Nonclinical Sample. Archives of Sexual Behavior 51: 867–877.

Levi G, Cohen C, Kaliche S et al. (2020) Sexual addiction, compulsivity, and impulsivity among a predominantly female sample of adults who use the internet for sex. Journal of Behavioral Addictions 9: 83–92.

Lewis A, Grubin D, Ross CC et al. (2017) Gonadotrophin-releasing hormone agonist treatment for sexual offenders: A systematic review. Journal of Psychopharmacology 31: 1281–1293.

Lew-Starowicz M, Lewczuk K, Nowakowska I et al. (2020) Compulsive sexual behavior and dysregulation of emotion. Sexual Medicine Reviews 8: 191–205.

Lew-Starowicz M, Draps M, Kowalewska E et al. (2022) Tolerability and efficacy of paroxetine and naltrexone for treatment of compulsive sexual behaviour disorder. World Psychiatry 21: 468–469.

Lippi G, van Staden PJ (2017) The use of cyproterone acetate in a forensic psychiatric cohort of male sex offenders and its associations with sexual activity and sexual functioning. South African Journal of Psychiatry 23: 1–8.

Loijen A, Vrijsen JN, Egger JIM et al. (2020) Biased approach-avoidance tendencies in psychopathology: A systematic review of their assessment and modification. Clinical Psychology Review 77: 1–23.

Mann K, Fauth-Bühler M, Higuchi S et al. (2016) Pathological gambling: a behavioral addiction. World Psychiatry 15: 297–298.

Marks I (1990) Behavioural (non-chemical) addictions. British journal of addiction 85: 1389–1394.

Marshall LE, Marshall WL, Moulden H, et al. (2008) CEU eligible article the prevalence of sexual addiction in incarcerated sexual offenders and matched community nonoffenders. Sexual Addiction & Compulsivity 15: 271–283.

Marshall WL, Marshall LE, Serran GA et al. (2011) Rehabilitating Sexual Offenders. A Strength Based Approach. Washington, DC: American Psychological Association.

Mechelmans DJ, Irvine M, Banca P et al. (2014) Enhanced Attentional Bias towards Sexually Explicit Cues in Individuals with and without Compulsive Sexual Behaviours. PLoS ONE 9: 1–7.

Messina B, Fuentes D, Tavares H et al. (2017) Executive Functioning of Sexually Compulsive and Non-Sexually Compulsive Men Before and After Watching an Erotic Video. The Journal of Sexual Medicine 14: 347–354.

Miller WR, Rollnick S (2015) Motivierende Gesprächsführung. Motivational Interviewing. 3. Auflage des Standardwerks in Deutsch. Freiburg im Breisgau: Lambertus-Verlag.

Miner MH, Raymond N, Mueller BA et al. (2009) Preliminary investigation of the impulsive and neuroanatomical characteristics of compulsive sexual behavior. Psychiatry Research: Neuroimaging 174: 146–151.

Moggi F (2007) Doppeldiagnosen. Komorbidität psychischer Störungen und Sucht. München: Verlag Hans Huber.

Montgomery-Graham S (2017) Conceptualization and assessment of hypersexual disorder: A systematic review of the literature. Sexual Medicine Reviews 5: 146–162.

Morgenstern J, Muench F, O'Leary A et al. (2011) Non-paraphilic compulsive sexual behavior and psychiatric co-morbidities in gay and bisexual men. Sexual Addiction & Compulsivity 18: 114–134.

Moser C (2011) Hypersexual disorder: Just more muddled thinking. Archives of Sexual Behavior 40: 227–229.

Mouaffak F, Leite C, Hamzaoui S et al. (2017) Naltrexone in the Treatment of Broadly Defined Behavioral Addictions: A Review and Meta-Analysis of Randomized Controlled Trials. European Addiction Research 23: 204–210.

Müller-Isberner R, Gonzalez-Cabeza S, Eucker S (2000) Die Vorhersage sexueller Gewalttaten mit dem SVR-20. Haina: Institut für Forensische Psychiatrie Haina e.V.

Nakum S, Cavanna, AE (2016) The prevalence and clinical characteristics of hypersexuality in patients with Parkinson's disease following dopaminergic therapy: A systematic literature review. Parkinsonism & related disorders 25: 10–16.

Niazof D, Weizman A, Weinstein A (2019) The contribution of ADHD and attachment difficulties to online pornography use among students. Comprehensive Psychiatry 93: 56–60.

Noori HR, Linan AC, Spanagel R (2016) Largely overlapping neuronal substrates of reactivity to drug, gambling, food and sexual cues: A comprehensive meta-analysis. European Neuropsychopharmacology 26: 1419–1430.

Odlaug BL, Lust K, Schreiber LR et al. (2013) Compulsive sexual behavior in young adults. Annals of Clinical Psychiatry 25: 193–200.

Öberg KG, Hallberg J, Kaldo V et al. (2017) Hypersexual disorder according to the hypersexual disorder screening inventory in help-seeking Swedish men and women with self-identified hypersexual behavior. Sexual Medicine 5: e229–e236.Parsons JT, Grov C, Golub SA (2012) Sexual compulsivity, co-occurring psychosocial health problems, and HIV risk among gay and bisexual men: further evidence of a syndemic. American journal of public health 102: 156–162.

Parsons JT, Rendina HJ, Moody RL et al. (2015) Syndemic production and sexual compulsivity/hypersexuality in highly sexually active gay and bisexual men: Further evidence for a three group conceptualization. Archives of Sexual Behavior 44: 1903–1913.

Perelman MA (2009) The Sexual Tipping Point: a mind/body model for sexual medicine. The Journal of Sexual Medicine 6: 629–632.

Perelman MA (2018) Why the Sexual Tipping Point® is a »variable switch model«. Current Sexual Health Reports 10: 38–43.

Pfaus JG (2009) Pathways of sexual desire. The Journal of Sexual Medicine 6: 1506–1533.

Phillips CV, Goodman KJ (2004) The missed lessons of Sir Austin Bradford Hill. Epidemiologic Perspectives & Innovations 1: 1–5.

Prochaska JO, DiClemente CC (2005) The transtheoretical approach. In Norcross JC, Goldfried MR (Hrsg.) Handbook of psychotherapy integration. Oxford series in clinical psychology. 2. Auflage. Oxford: Oxford University Press. S. 147–171.

Raymond NC, Coleman E, Miner MH (2003) Psychiatric comorbidity and compulsive/impulsive traits in compulsive sexual behavior. Comprehensive Psychiatry 44: 370–380.

Raymond NC, Grant JE, Coleman E (2010) Augmentation with naltrexone to treat compulsive sexual behavior: a case series. Annals of Clinical Psychiatry: Official Journal of the American Academy of Clinical Psychiatrists 22: 56–62.

Raymond NC, Grant JE, Kim SW et al. (2002) Treatment of compulsive sexual behaviour with naltrexone and serotonin reuptake inhibitors: two case studies. International Clinical Psychopharmacology 17: 201–205.

Reed GM, Drescher J, Krueger RB et al. (2016) Disorders related to sexuality and gender identity in the ICD-11: revising the ICD-10 classification based on current scientific evidence, best clinical practices, and human rights considerations. World Psychiatry 15: 205–221.

Reed GM, First MB, Billieux J et al. (2022) Emerging experience with selected new categories in the ICD-11: complex PTSD, prolonged grief disorder, gaming disorder, and compulsive sexual behaviour disorder. World Psychiatry 21: 189–213.

Reid RC (2010) Differentiating Emotions in a Sample of Men in Treatment for Hypersexual Behavior. Journal of Social Work Practice in the Addictions, 10: 197–213.

Reid RC (2015) How should severity be determined for the DSM-5 proposed classification of Hypersexual Disorder? Journal of Behavioral Addictions 4: 221–225.

Reid RC, Bramen JE, Anderson A (2014) Mindfulness, Emotional Dysregulation, Impulsivity, and Stress Proneness Among Hypersexual Patients: Mindfulness and Hypersexuality. Journal of Clinical Psychology 70: 313–321.

Reid RC, Carpenter BN, Hook JN et al. (2012) Report of findings in a DSM-5 field trial for hypersexual disorder. The journal of sexual medicin 9: 2868-2877.

Reid RC, Dhuffar MK, Parhami I et al. (2012) Exploring Facets of Personality in a Patient Sample of Hypersexual Women Compared with Hypersexual Men. Journal of Psychiatric Practice 18(4): 262–268.

Reid RC, Garos S, Carpenter BN (2011) Reliability, Validity, and Psychometric Development of the Hypersexual Behavior Inventory in an Outpatient Sample of Men. Sexual Addiction & Compulsivity 18: 30–51.

Reid RC, Garos S, Carpenter BN et al. (2011) A Surprising Finding Related to Executive Control in a Patient Sample of Hypersexual Men. The Journal of Sexual Medicine 8: 2227–2236.

Reid RC, Harper JM, Anderson EH (2009) Coping strategies used by hypersexual patients to defend against the painful effects of shame. Clinical Psychology & Psychotherapy: An International Journal of Theory & Practice 16: 125–138.

Reid RC, Kafka MP (2014) Controversies about hypersexual disorder and the DSM-5. Current Sexual Health Reports 6: 259–264.

Reid RC, Meyer MD (2016) Substance use disorders in hypersexual adults. Current Addiction Reports 3: 400–405.

Reid RC, Stein JA, Carpenter BN (2011) Understanding the roles of shame and neuroticism in a patient sample of hypersexual men. The Journal of nervous and mental disease 199: 263–267.

Reid RC, Temko J, Moghaddam JF et al. (2014) Shame, rumination, and self-compassion in men assessed for hypersexual disorder. Journal of Psychiatric Practice 20: 260–268.

Rettenberger M, Klein V, Briken P (2016) The Relationship Between Hypersexual Behavior, Sexual Excitation, Sexual Inhibition, and Personality Traits. Archives of Sexual Behavior 45: 219–233.

Rissel C, Richters J, De Visser RO et al. (2017) A profile of pornography users in Australia: Findings from the second Australian study of health and relationships. The Journal of Sex Research 54: 227–240.

Robinson T, Berridge KC (1993) The neural basis of drug craving: An incentive-sensitization theory of addiction. Brain Research Reviews 18: 247–291.

Rosenberg KP, Carnes PJ, Acevedo BP (2021) Clinical evaluation of CSBD. In Balon R, Briken P (Hrsg.) Compulsive Sexual Behavior Disorder. Understanding, Assessment and Treatment. Washington, DC: American Psychiatric Association Publishing. S. 69–94.

Ryback RS (2004) Naltrexone in the treatment of adolescent sexual offenders. The Journal of Clinical Psychiatry 65: 982–986.

Sassover E, Weinstein A (2020) Should compulsive sexual behavior (CSB) be considered as a behavioral addiction? A debate paper presenting the opposing view. Journal of Behavioral Addictions 11: 166–179.

Savard J, Öberg KG, Chatzittofis A et al. (2020) Naltrexone in Compulsive Sexual Behavior Disorder: A Feasibility Study of Twenty Men. The Journal of Sexual Medicine 17: 1544–1552.

Sbraga TP, O'Donohue WT (2003) The sex addiction workbook. Proven strategies to hel you regain control of your life. Oakland: New Harbinger Publications.

Schiebener J, Laier C, Brand M (2015) Getting stuck with pornography? Overuse or neglect of cybersex cues in a multitasking situation is related to symptoms of cybersex addiction. Journal of Behavioral Addictions 4: 14–21.

Schmidt C, Morris LS, Kvamme TL et al. (2017) Compulsive sexual behavior: Prefrontal and limbic volume and interactions: Neural Correlates of CSB. Human brain mapping 38: 1182–1190.

Schöttle D, Briken P, Tüscher O et al. (2017) Sexuality in autism: hypersexual and paraphilic behavior in women and men with high-functioning autism spectrum disorder. Dialogues in Clinical Neuroscience 19: 381–393.

Schorsch E (1988) Affekttaten und sexuelle Perversionstaten im strukturellen und psychodynamischen Vergleich. In Friedemann P, Appelt H, Krausz M, Mohr M (Hrsg.) Der Mensch in der Psychiatrie. Wiesbaden: Springer-Verlag. S. 344–358.

Schuler MS, Rice CE, Evans-Polce RJ et al. (2018) Disparities in substance use behaviors and disorders among adult sexual minorities by age, gender, and sexual identity. Drug and Alcohol Dependence 189: 139–146.

Schultz K, Hook JN, Davis DE et al. (2014) Nonparaphilic Hypersexual Behavior and Depressive Symptoms: A Meta-Analytic Review of the Literature. Journal of Sex & Marital Therapy 40: 477–487.

Semple SJ, Zians J, Grant I et al. (2006) Sexual compulsivity in a sample of HIV-positive methamphetamine-using gay and bisexual men. AIDS and Behavior 10: 587–598.

Seok J, Sohn JH (2018) Gray matter deficits and altered resting-state connectivity in the superior temporal gyrus among individuals with problematic hypersexual behavior. Brain Research 1684: 30–39.

Shimoni L, Dayan M, Cohen K et al. (2018) The contribution of personality factors and gender to ratings of sex addiction among men and women who use the Internet for sex purpose. Journal of behavioural addictions 7: 1015–1021.

Sinclair DL, Vanderplasschen W, Savahl S et al. (2021) Substitute addictions in the context of the COVID-19 pandemic. Journal of Behavioral Addictions 9: 1098–1102.

Sinke C, Engel J, Veit M et al. (2020) Sexual cues alter working memory performance and brain processing in men with compulsive sexual behavior. NeuroImage: Clinical 27: 1–11.

Smith P, Potenza M, Mazure C et al. (2014) Compulsive sexual behavior among male military veterans: Prevalence and associated clinical factors. Journal of Behavioral Addictions 3: 214–222.

Snagowski J, Wegmann E, Pekal J et al. (2015) Implicit associations in cybersex addiction: Adaption of an Implicit Association Test with pornographic pictures. Addictive Behaviors 49: 7–12.

Stark R, Klucken T, Potenza MN et al. (2018) A Current Understanding of the Behavioral Neuroscience of Compulsive Sexual Behavior Disorder and Problematic Pornography Use. Current Behavioral Neuroscience Reports 5: 218–231.

Stark R, Wehrum-Osinsky S (2016) Sexuelle Sucht. Göttingen: Hogrefe.

Stein DJ, Black DW, Shapira NA et al. (2001) Hypersexual disorder and preoccupation with internet pornography. American Journal of Psychiatry 158: 1590–1594.

Stein DJ, Hollander E, Anthony DT et al. (1992) Serotonergic medications for sexual obsessions, sexual addictions, and paraphilias. The Journal of Clinical Psychiatry 53: 267–271.

Stewart H, Fedoroff JP (2014) Assessment and treatment of sexual people with complaints of hypersexuality. Current Sexual Health Reports 6: 136–144.

Stone AR (1995) The War of Desire and Technology at the Close of the Mechanical Age. Cambridge, MA: MIT Press.

Štulhofer A, Bergeron S, Jurin T (2016) Is high sexual desire a risk for women's relationship and sexual well-being? The Journal of Sex Research 53: 882–891.
Sussman S (2017) Substance and Behavioral Addictions: Concepts, Causes, and Cures. Cambridge, MA: Cambridge University Press.
Sussman S, Lisha N, Griffiths M (2011) Prevalence of the addictions: a problem of the majority or the minority. Evaluation & the health professions 34: 3–56.
Sutton KS, Stratton N, Pytyck J et al. (2015) Patient Characteristics by Type of Hypersexuality Referral: A Quantitative Chart Review of 115 Consecutive Male Cases. Journal of Sex & Marital Therapy 41: 563–580.
te Wildt BT, Putzig I, Vukicevic A et al. (2011) Störungen von Identität und Interpersonalität bei Menschen mit Internet- und Computerspielabhängigkeit. Suchttherapie 12: 23.
te Wildt BT, Wölfling K, Müller A (2014) Nicht substanzgebundene Abhängigkeit-Verhaltenssüchte. PPmP-Psychotherapie, Psychosomatik, Medizinische Psychologie 64: 151–160.
Thibaut F, Cosyns P, Fedoroff JP et al. (2020) The World Federation of Societies of Biological Psychiatry (WFSBP) 2020 guidelines for the pharmacological treatment of paraphilic disorders. The World Journal of Biological Psychiatry 21: 412–490.
Turner D, Briken P (2018) Treatment of Paraphilic Disorders in Sexual Offenders or Men with a Risk of Sexual Offending with Luteinizing Hormone-Releasing Hormone Agonists: An Updated Systematic Review. The Journal of Sexual Medicine 15: 77–93.
Turner D, Briken P (2019) Paraphilien und paraphile Störungen. Im Grenzbereich ungewöhnlicher sexueller Störungen. InFo Neurologie & Psychiatrie 21: 31–37.
Turner D, Briken P, Grubbs J et al. (2022) The World Federation of Societies of Biological Psychiatry guidelines on the assessment and pharmacological treatment of compulsive sexual behavior. Dialogues in Clinical Neuroscience 24: 10–69.
Turner D, Schöttle D, Bradford J et al. (2014) Assessment methods and management of hypersexuality and paraphilic disorders. Current Opinion in Psychiatry 27: 413–422.
Turner D, Schöttle D, Krueger R et al. (2015) Sexual behavior and its correlates after traumatic brain injury. Current Opinion in Psychiatry 28: 180–187.
Vaillancourt-Morel MP, Godbout N, Labadie C et al. (2015) Avoidant and compulsive sexual behaviors in male and female survivors of childhood sexual abuse. Child Abuse & Neglect 40: 48–59.

von Franqué F, Klein V, Briken P (2015) Which techniques are used in psychotherapeutic interventions for nonparaphilic hypersexual behavior? Sexual Medicine Reviews 3: 3–10.

von Krafft-Ebing R (1902) Psychopathia sexualis – mit besonderer Berücksichtigung der konträren Sexualempfindung. Eine medizinisch-gerichtliche Studie für Ärzte und Juristen. 14. Auflage. Stuttgart: Ferdinand Enke Verlag.

Voon V, Mole TB, Banca P et al. (2014) Neural Correlates of Sexual Cue Reactivity in Individuals with and without Compulsive Sexual Behaviours. PLoS ONE 9: 1–10.

Wainberg ML, Muench F, Morgenstern J et al. (2006) A double-blind study of citalopram versus placebo in the treatment of compulsive sexual behaviors in gay and bisexual men. Journal of Clinical Psychiatry 67: 1968–1973.

Walton MT, Bhullar N (2018) Compulsive sexual behavior as an impulse control disorder: awaiting field studies data. Archives of Sexual Behavior 47: 1327–1331.

Walton MT, Cantor JM, Bhullar N et al. (2017) Hypersexuality: A critical review and introduction to the »sexhavior cycle«. Archives of Sexual Behavior 46: 2231–2251.

Walton MT, Cantor JM, Lykins AD (2017) An Online Assessment of Personality, Psychological, and Sexuality Trait Variables Associated with Self-Reported Hypersexual Behavior. Archives of Sexual Behavior 46: 721–733.

Walton MT, Lykins AD, Bhullar N (2016) Sexual arousal and sexual activity frequency: Implications for understanding hypersexuality. Archives of Sexual Behavior 45: 777–782.

Weintraub D, Koester J, Potenza MN et al. (2010) Impulse control disorders in Parkinson disease: a cross-sectional study of 3090 patients. Archives of Neurology 67: 589–595.

Werner M, Štulhofer A, Waldorp L et al. (2018) A Network Approach to Hypersexuality: Insights and Clinical Implications. Journal of Sexual Medicine 15: 373–386.

Wéry A, Billieux J (2017) Problematic cybersex: Conceptualization, assessment, and treatment. Addictive Behaviors 64: 238–246.

Wéry A, Vogelaere K, Challet-Bouju G et al. (2016) Characteristics of self-identified sexual addicts in a behavioral addiction outpatient clinic. Journal of Behavioral Addictions 5: 623–630.

Wetterneck CT, Burgess AJ, Short MB et al. (2012) The Role of Sexual Compulsivity, Impulsivity, and Experiential Avoidance in Internet Pornography Use. The Psychological Record 62: 3–18.

Wölfling K, Zeeck A, te Wildt B et al. (2022) Verhaltenssüchte in der psychosomatisch-psychotherapeutischen Versorgung. PPmP-Psychotherapie, Psychosomatik, Medizinische Psychologie 72: 139–147.

Womack SD, Hook JN, Ramos M et al. (2013) Measuring Hypersexual Behavior. Sexual Addiction & Compulsivity 20: 65–78.

Woolf-King SE, Rice TM, Truong HHM et al. (2013) Substance use and HIV risk behavior among men who have sex with men: the role of sexual compulsivity. Journal of Urban Health 90: 948–952.

Wordecha M, Wilk M, Kowalewska E et al. (2018) »Pornographic binges« as a key characteristic of males seeking treatment for compulsive sexual behaviors: Qualitative and quantitative 10-week-long diary assessment. Journal of Behavioral Addictions 7: 433–444.

World Health Organization (2006) Defining sexual health: Report of a technical consultation on sexual health, 28–31 January 2002, Geneva. Genf: World Health Organization.

World Health Organization (2019) International Classification of Diseases and Related Health Problems, 11th Revision. Geneva: World Health Organization.

World Health Organization (2022) ICD-11 for Mortality and Morbidity Statistics. Version 02/2022. Compulsive sexual behaviour disorder. (https://icd.who.int/browse11/l-m/en, Zugriff am 14.12.2022).

Xu W, Zheng L, Liu Y et al. (2016) Sexual sensation seeking, sexual compulsivity, and high-risk sexual behaviours among gay/bisexual men in Southwest China. AIDS care 28: 1138–1144.

Yoon IS, Houang ST, Hirshfield S et al. (2016) Compulsive sexual behavior and HIV/STI risk: a review of current literature. Current Addiction Reports 3: 387–399.

Zapf JL, Greiner J, Carroll J (2008) Attachment styles and male sex addiction. Sexual Addiction & Compulsivity 15: 158–175.

Zhou C, Fang L, Chen Y et al. (2018) Effect of selective serotonin reuptake inhibitors on bone mineral density: a systematic review and meta-analysis. Osteoporosis International 29: 1243–1251.

Zuckerman M (2010) Sensation seeking. In: Weiner IB, Craighead WE (Hrsg.) The Corsini encyclopedia of psychology. Hoboken: John Wiley & Sons. S. 1545–1548.

Stichwortverzeichnis

A

Abhängigkeitserkrankung 21, 90
Abstinenz 111, 130
Acceptance- und Commitment Programme (ACT) 111, 112, 121, 123, 159
Achtsamkeitstechniken 112, 113
ADHS 45, 88, 105, 143, 152
Affären 28, 41, 63, 64, 140
Affektive Störung 103, 105, 108
Alkohol 42, 56, 64, 66, 107, 127, 136, 146
- -abhängigkeit 51, 108, 135, 147
- -konsum 54, 65, 129
Anaesthesia sexualis 19
Anamnese 29, 61, 93, 128
- Sexualanamnese 26, 37, 40, 42, 93, 94, 101
Angststörung 105, 109, 145, 159
Anonymität 16, 17, 19, 73
Autismus-Spektrum-Störung 108, 143

B

Borderline 45, 47, 91, 143, 152

C

Carnes, Patrick 20, 84
Coping 61
- Copingstrategie 35, 76, 77, 79
Craving 51, 54, 113, 146
Cybergrooming 17
Cybersex 15, 37–39, 55, 60, 64, 162

D

Delinquenz
- Sexualdelikt 79, 150, 151, 155
- Sexualstraftäter 72, 79, 104
Depression 22, 26, 27, 29, 40, 45–47, 66, 76, 77, 88, 105, 109, 111, 116, 118, 121, 128, 131, 135, 140, 143–145, 148, 151, 152, 159
Deviante sexuelle Verhaltensweisen 20, 60
Diagnostic and Statistical Manual of Mental Disorders *siehe* DSM
Diffusion Tensor Imaging (DTI) 56
Digitale Medien 15–17, 161
Diskriminierung 69, 160
Drogen 42
DSM 20, 21, 23, 29, 34, 36, 69–71, 81, 96, 110, 158

Dual Control Model   82, 89, 123, 143
Dysphorie   22, 27

69, 71, 72, 79, 81, 83, 87, 90, 93, 101, 109, 112, 158

E

Einsamkeit   27, 29, 40, 77, 88, 105, 128, 133
Erektile Dysfunktion   39, 46, 65, 104
Exhibitionismus   30, 46, 104, 143, 145, 154

F

Fetischismus   17, 42, 46
fMRT   51–53, 58

G

Genetik   143
Gewalt   45, 47, 72, 160
- Gewaltanwendung   154
- gewalttätige Fantasien   145
- -pornografie   *siehe* Pornografie
Giese, Hans   19, 30, 99
Glücksspiel   17, 56, 65, 81

H

HIV   64, 65, 107, 136
Homosexualität   *siehe* LGBTQ+
Hyperästhesie   19
Hypersexual Disorder
- Current Assessment Scale (HD - CAS)   112
Hypersexualität   18, 21–23, 27, 32–36, 38, 39, 41, 46, 54, 62, 63, 65–67,

I

ICD   23, 36, 70, 86, 110
- ICD-11   17, 24, 26, 29, 33, 35, 37, 71, 74, 81, 96, 101, 158
Identität   17, 41, 47
Impulsivität   45, 53, 74, 82, 88, 108, 152
Impulskontrollstörung   24, 74, 81, 86, 90, 91, 105, 107, 144, 158
Internet   15–17, 26, 27, 39, 40, 43, 73, 77, 83, 85, 86, 88, 112, 129, 134, 137
Isolation   61, 63, 77, 78, 85

K

Kafka, Martin   21, 23, 27, 36, 38, 71, 101
Kinderpornografie   *siehe* Pornografie
Kognitive Verhaltenstherapie (KVT)   110, 112, 113, 121, 159
Komorbidität   29, 103–105, 109, 120, 121, 135, 152, 159
- Komorbiditätsrate   30, 63, 99, 105, 159, 161
Kondom   42, 135, 139

L

Langeweile   22, 28, 29, 61, 88, 128
Leidensdruck   22, 25, 27, 29, 30, 35–37, 47, 48, 61, 70, 78, 92, 96, 101, 104

LGBTQ+ 35, 59, 107, 132, 135, 136, 161
- homo- oder bisexuelle Frauen 67
- homo- oder bisexuelle Männer 33, 65, 87, 106, 137, 144

M

Masochismus 17, 43, 46, 67
Masturbation 26–29, 34, 36–39, 44, 54, 59, 64, 69, 77, 94, 95, 109, 111, 132, 144
Medikamente
- Amphetamine 64
- Citalopram 87, 144
- CPA 147–150
- Escitalopram 144, 151
- Fluvoxamin 144
- Nefazodon 144
- Paroxetin 144, 145
- Sertralin 141, 144, 145, 151
- Triptorelin 149
Medikamentöse Behandlung 123, 126, 130, 135, 141, 151, 152, 159
Missbrauch
- Kindesmissbrauch 45, 72
- sexueller Missbrauch 143
Modell der dualen Kontrolle 159, siehe Dual Control Model
Motivationale Gesprächsführung 113

N

Narzisstische Persönlichkeitsstörung 152
Neurobiologie 50, 82, 143

O

Opioide 87, 147
- Naltrexon 87, 146, 147, 151, 152
Orgasmus 38, 50, 85, 89, 91, 128, 145
Oxytocin 50, 58

P

Pädophilie 29, 31, 72, 77, 99, 100, 104, 154
Paraphilie 19, 29–31, 46, 60, 78, 96, 99, 104, 112, 143, 144, 148–151, 154, 155
- paraphile Fantasien 145
Partner 41, 48, 64, 66, 85, 94, 109, 116, 119, 125, 129, 134, 136, 138, 141, 160
Persönlichkeitsmerkmale 18, 42, 53–55, 58, 65
Persönlichkeitsstörung 45, 47, 53, 75, 86, 91, 108, 109, 121, 135, 143, 152
Persönlichkeitsstrukturelle Defizite 132, 133
Perversionen 19, 30, 99
Placebo 87, 144, 148
Pornografie 16, 26–28, 32, 34, 37–39, 43, 44, 52, 60, 61, 63, 64, 67, 69, 72, 77, 90, 92, 94, 109, 112, 113, 127, 129, 135, 136
- -abhängigkeit 34
- gewalttätige Pornografie 40, 73, 145
- Kinderpornografie 17, 40, 72
- -konsum 26–29, 33, 34, 36, 37, 39, 40, 43, 44, 52, 54, 56, 59, 66,

76, 77, 104, 110, 112, 113, 119, 127, 131, 136, 137, 139, 140
Primär- und Sekundärprävention 161
Promiskuität 19, 34, 40
Prostitution 37, 41, 63, 116, 119, 138
Psychische Störung 20, 46, 70, 71, 91, 96, 103
Psychoedukation 109, 111, 125, 137
Psychosexual Disorders Not Otherwise Specified 21
Psychotherapie *siehe* Therapie
Psychotrope Substanzen 106

R

Religiösität 33, 35, 60, 69, 90, 109, 132, 160
Risikoverhalten 65, 67, 151
Rückfall 79, 121, 123, 134, 138, 139, 141
- -gefahr 104
- -prävention 111, 121, 135, 139
- -raten 103
- -risiko 79
- -vermeidung 121, 134

S

Sadistische Störung 30, 104, 155
Schuldfähigkeit 71, 74
Schwangerschaft 18, 61, 64, 116, 132
- unterwünschte Schwangerschaft 42

Schwule, Lesben, Bisexuelle, Transgender- und Intersex-Personen *siehe* LGBTQ+
Selbst- oder Fremdgefährdung 30, 96, 137
Selbstbefriedigung *siehe* Masturbation
Selbsthilfegruppe 20, 135, 137, 139
Selbstwirksamkeit 113, 127, 131
Sensation Seeking 42, 45, 65
Sex
- anonymer 34
- bezahlter 35
- -sucht 15, 18, 20, 21, 23, 26, 32–34, 36, 37, 42, 69, 81, 103, 109, 130, 135, 158
Sexual Tipping Point Model 89, 123, 159
Sexualdelikt 72
Sexualverhalten 22, 37, 42, 45, 57, 61, 63–66, 69–71, 73, 74, 77, 80, 84, 88, 94, 95, 106, 107, 127, 130
Sexuell übertragbare Krankheiten 42, 64, 67, 72, 116, 132, 137
Sexuelle Fantasien 18, 22, 148, 149, 151, 155
Sexuelle Funktionsstörung 45, 145, 158
Sexuelle Gewalt 19
Sexuelles Verlangen 22
SSRI 141, 144, 145, 151, 152, 162
Steuerungsfähigkeit 73, 75, 76, 78
Störungskonzept 37, 81
Strafrecht 17, 18, 40, 64, 71, 72
Stress 61, 88, 100, 111
- -achse 90
- -bewältigung 62
- -empfindlichkeit 45
- -regulation 91

- stressige Lebensereignisse 22
Strip-Clubs 37, 41, 43, 44
Substanzabhängigkeit 45
Substanzbezogene Störung 106, 147, 152
Sucht 40, 62
- Alkohol 146
- Opioide 146
- Spielsucht 17, 56, 81, 88, 105
- Verhaltenssucht 17, 81–84, 86, 88, 105, 120, 146, 158
- Sexsucht *siehe* Sex
Suizid 103, 137
- Suizidalität 116, 118, 120

T

Telefonsex 37, 41
Testosteron 50, 57, 86, 91, 147, 148
Therapie 43, 66, 83, 110, 117, 119, 121, 123, 126, 134, 151, 152, 159
Traumata 40, 45, 47, 86, 94, 111
Triple A-Engine 16

V

Verhaltenssucht *siehe* Sucht
Visuelle sexuelle Stimuli 51
von Krafft-Ebing, Richard 18, 158
Voyeurismus 46, 104, 154
VSS *siehe* visuelle sexuelle Stimuli

W

Webcam 15, 17, 38, 64

Z

Zurechnungsfähigkeit 19
Zwang 19, 38, 45, 155
- sexuell zwanghaftes Verhalten 15, 18, 24, 25, 36, 48, 84, 100, 102, 108, 109, 140, 144, 146, 149, 158
- zwanghaftes Verhalten 15, 18, 35, 37, 57, 71, 99, 148
- Zwangsstörung 40, 56, 82, 144, 145